Vías teóricas a *Altazor*

American University Studies

Series II

Romance Languages and Literature

Vol. 33

PETER LANG

New York · Berne · Frankfurt am Main

Pedro López-Adorno

Vías teóricas a *Altazor* de Vicente Huidobro

PETER LANG
New York · Berne · Frankfurt am Main

Library of Congress Cataloging-in-Publication Data

López-Adorno, Pedro.
Vías teóricas a *Altazor* de Vicente Huidobro.

(American University Studies. Series II,
Romance Languages and Literature ; vol. 33)
Bibliography: p.
1. Huidobro, Vicente, 1893–1948. Altazor.
I. Title. II. Series.
PQ8097.H8A835 1987 861 86-18540
ISBN 0-8204-0250-8

CIP-Kurztitelaufnahme der Deutschen Bibliothek

López-Adorno, Pedro:
Vías teóricas a *Altazor* de Vicente Huidobro /
Pedro López-Adorno. – New York ; Berne ;
Frankfurt am Main : Lang, 1986.
(American University Studies : Ser. 2,
Romance Languages and Literature ; Vol. 33)
ISBN 0-8204-0250-8

NE: American University Studies / 02

Printed by Weihert-Druck GmbH, Darmstadt (West Germany)

A mi compañera, por su paciencia penélope.

A mis hijos, por la magia palabrera de su niñez.

A todos los que, de una forma u otra, han dejado un poco de su alma en estas páginas.

INDICE

El autor desea expresar su agradecimiento a Seton Hall University por la ayuda económica; a Diana Ramírez de Arellano por transmitirle el oxígeno de Huidobro en 1974; a John A. Coleman por su amistad; a su estudiante, Anthony González por "programar", en el Computer Center de Seton Hall University, las gráficas incluidas en el segundo capítulo; a todos los que han escrito sobre Huidobro; y, en particular, a Julia por ser más que abuela, siempre.

INTRODUCCIÓN METODOLÓGICA

A estas alturas, la labor de exégesis literaria que se le pide a un crítico de la obra de Vicente Huidobro es sumamente ardua y difícil. Semejante hecho no debe sorprendernos. Estamos ante una de las personalidades literarias más complejas, controversiales y contradictorias del siglo XX. Tanto su obra poética como sus postulados teóricos siguen estas líneas generales en cuanto a la complejidad de los mismos, las controversias que suscitan su poesía y su persona y las contradicciones (de tipo ideológico-estético) que generan poemas como *Altazor o el viaje en paracaídas* y manifiestos como "El Creacionismo".

Resulta indiscutible, por cierto, que el extenso poema huidobriano, objeto de nuestro estudio, *Altazor o el viaje en paracaídas*, siempre será uno de los textos poéticos más importantes y trascendentales del presente siglo. Su importancia no radica tan sólo en ser testimonio de la angustiosa vivencia padecida por el hombre moderno enjaulado entre dos conflictos bélicos de impacto mundial sino, más bien, por ser un discurso ideológico-estético contradictorio y dialéctico que se redefine en la suma y contrapunto de las diversas facetas ideológicas y estéticas que incorpora. El poema nos traslada a los más íntimos recodos de una conciencia poética (la conciencia de Altazor-poeta de vanguardia) cuya trayectoria oscila entre descensos y ascensos en un intento por transformar el mundo, anquilosado en sus afanes utilitarios, en poesía, en escisión de imágenes y de semejanzas, en verificación órfica y, al fin y al cabo, en logos desmesuradamente verbal. No debe extrañar a nadie que el logos huidobriano se caracterice por ser una perspicaz e inquietante crítica del lenguaje donde el protagonista poemático es ese (como diría Lezama Lima) "apesadumbrado fantasma de nadas conjeturales"[1] acercándose a la última de las historias posibles: el misterio del origen de la poesía.

Ahora bien, aunque la perspectiva crítica que manejamos a través de este estudio integra, eclécticamente, los postulados de la estilística, el estructuralismo, la semiología y el enfoque sociohistórico, la ilimitada semiosis del gran poema de Huidobro rebasa nuestra limitada hermenéutica. Por ello, hemos vigilado, en lo posible, el no caer en atolladeros críticos exclusivistas. Semejante óptica nos lleva, desde un análisis del contexto ideológico-estético (primer capítulo) hasta un análisis métrico-semántico (último capítulo). Además, dedicamos un capítulo a la estructuración del poema; otro analiza la lexicología; y un tercero estudia los rasgos simbólicos del poeta-protagonista junto a otros símbolos afines.

Si como dice Graciela Maturo, "una literatura engendra su propia crítica"[2], se nos ha hecho imperioso articular un aparato crítico que nos ayude no sólo a explorar los aspectos formales del poema sino también, y esto es lo más importante, a comenzar a establecer el *sentido* de la obra y las *diversas posibilidades de lectura* de la misma. Creemos, como Maturo, "en la posibilidad de desarrollar una crítica integradora, pluralista, comprensiva del signo literario en su especificidad constitutiva y también en la totalidad de los conjuntos dentro de los cuales aparece y cuyo juego de relaciones le otorgará su sentido propio"[3]. El lector podrá darse cuenta de que no se trata, en resumidas cuentas, de "empequeñecer" la obra literaria en cuestión obligándola a acomodarse a una metodología crítica prefijada sin más justificación para ello que el mero hecho de constatar nuestras intuiciones iniciales valiéndonos de enfoques que están "de moda". Más bien, nuestra ambición es hacer una lectura más profunda, certera y, a la vez, creativa del texto, "estructurante más que estructuralista, reintegradora del signo poético al conjunto de la cultura y de la historia"[4].

Partiendo, pues, de la premisa de que la utilización de un solo enfoque crítico para el poema de Huidobro resultaría insuficiente por la naturaleza polisémica y contradictoria no sólo de sus signos específicamente literarios sino también por la personalidad, tanto atrayente como antagónica, de su autor y por la época, tan politizada y caótica, en que se redactó el mismo, las diversas "vías teóricas" que postulamos a continuación pretenden, por lo menos, dos objetivos. Primero: adquirir un conocimiento más totalizador de la compleja poética altazoriana, de cómo funcionan las estructuras de su sistema. Segundo: trascender,por su superficialidad, la mayoría de los juicios que, hasta la fecha, se han vertido respecto a los alcances y finalidades del proceso poético altazoriano[5].

Altazor o el viaje en paracaídas debe ser conceptualizado como el poema-eje, como el poema-síntesis de la obra poética del gran chileno. En él quedan resumidos tanto los alcances como las limitaciones de la expresión poética, la interrelación entre los postulados teóricos del poeta y su proceso creador, y el legado de ideologías y estéticas anteriores a la redacción de la obra. No resultaría compremetedor, por lo tanto, llegar a la conclusión de que el punto más alto en la curva evolutiva poética de Huidobro es este poema. Por ahora, basta dejar señalado que si bien nuestro análisis se limita a un determinado autor y a una obra específica de tal autor, éstos reflejan (y he aquí su importancia) toda la problemática del quehacer poético del presente siglo. Del mismo modo, nuestro estudio, al ahondar en las dificultades teóricas (de naturaleza estética, ideológica, estructural, lexicológica, simbólica y métrica) que el autor ha encerrado en su obra, desvelamos parte no sólo de la inmensa complejidad y problematicidad del lenguaje poético huidobriano sino también de todo lenguaje poético en lengua española al transformar tales dificultades en coordenadas comunicativas capaces de darle a nuestros análisis legitimidad hermenéutica.

Terminado nuestro estudio, sólo nos resta expresar que esta labor de exégesis recién empieza. Aún quedan muchas interrogantes y mucho "campo inexplorado" en la obra de Huidobro. Aquí va el resultado de nuestra primera exploración.

NOTAS

[1]José Lezama Lima, *Esferaimagen* (Barcelona: Tusquets Editor, 1970), p.53.

[2]Graciela Maturo, Gaspar Pío del Corro, Zulma Palermo y otros, *Hacia una crítica literaria latinoamericana* (Buenos Aires: Fernando García Cambeiro, 1976), p.15.

[3]*Ibid.*, pp.14-15.

[4]*Ibid.*, p.21.

[5]Resultaría no sólo injusto sino francamente absurdo ignorar la reciente reevaluación y revaloración crítica a la cual ha sido sometida la obra de Vicente Huidobro. Destacamos, en este sentido, los excelentes estudios de George Yúdice, *Vicente Huidobro y la motivación del lenguaje* (Buenos Aires: Editorial Galerna, 1978); de Mireya Camurati, *Poesía y poética de Vicente Huidobro* (Buenos Aires: Fernando García Cambeiro, 1980); de Cecil G. Wood, *The "creacionismo" of Vicente Huidobro* (Fredrickton, New Jersey: York Press, 1978); las ediciones imprescindibles de René de Costa y, por supuesto, los trabajos bibliográficos de Nicholas Hey (consúltese nuestra "Bibliografía"). Aún así, ninguno de los estudios citados pretende "arriesgarse" a la visión de conjunto del poema *Altazor o el viaje en paracaídas* que adelantamos aquí.

I. LA LECTURA IDEOLÓGICA-ESTÉTICA

FUNDAMENTO ANALÍTICO

El poema, *Altazor o el viaje en paracaídas*, se caracteriza por ser un poema de ruptura. Semejante ruptura denota, por cierto, una estructuración. Es decir, en la misma noción de "ruptura" está implícita la idea de que existe ruptura respecto a algo organizado. Este aspecto, por sí solo, nos consta que genera una ideología del acto de escribir que se caracteriza por su naturaleza rupturante.

Ahora bien, formular una poética de la estructuración de la ruptura conlleva un proceso ideológico que no solamente se limita a los aspectos "formales" del poema sino que invade los respectivos campos de significación en la obra. La obra, bajo tal perspectiva. se perfila como *praxis de ideologías*: sociales, políticas, religiosas, culturales y literarias. Estos niveles ideológicos, a la par, gravitan en torno al eje ideológico central: la ruptura. La manera en que el creador maneja estos niveles ideológicos determina, en gran parte, cuán cercana o alejada de su tiempo yace su obra en relación a obras de la misma época, movimiento literario o generación. El siguiente análisis demuestra la importancia de la faceta ideológica-estética de toda obra literaria ya que, como nos hace recordar Mukarovský, "in poetry the practical functions of language- the presentational, the expressive, and the appellative- are subordinated to the aesthetic function which render the sign itself the center of attention"[1].

En el particularísimo caso de *Altazor* se expone toda una poética, toda una cosmovisión, centralizadas en la ideología de la ruptura. Lo interesante de esta "poiesis" no es tan sólo el hecho de que viole diversos códigos (véase el segundo capítulo de este estudio) sino que, al mismo tiempo, represente un momento de integración y de rechazo de diversas codificaciones estéticas: románticas, simbolistas, modernistas, futuristas y cubistas. La intención del autor es sencilla: remodificar la manera de "ver" y "escribir" el mundo. Tal postura de renovación tiene como propósito primordial radicalizar las convenciones operantes dentro del marco del lenguaje poético reconociendo, de antemano, que esta es "la continuación de la evolución lógica de la poesía"[2].

El ambicioso poema de Huidobro, de hecho, articula un discurso poético "nuevo" en la medida en que representa una "crítica" de los sistemas de valores ideológicos y estéticos que le precedieron. Para ello, el poeta necesita conocer y analizar las fuentes y someterlas a una relectura que, al fin y al cabo, resulta ser una "deslectura" conciente, un proceso remotivador que se manifiestaen el cuerpo del poema. Althusser es sumamente elocuente al respecto cuando nos señala que "una producción estética tiene por fin último provocar en la conciencia (o en los inconscientes) una modificación de la 'relación con el mundo'"[3]. Inmediatamente después pasa a señalar, y esto se relaciona más directamente a nuestro estudio, que la gran obra de arte es aquella que "al mismo tiempo que actúa *en* la ideología, se *separa* de ella para constituir una crítica en acto de la ideología que ella elabora, para hacer alusión a modos de percibir, de sentir, de oir, etc. que, liberándose de los mitos latentes de la ideología existente, la superen"[4].

Integración y rechazo son, sin lugar a dudas, nociones que ayudan a explicar la praxis ideológica altazoriana. Determinar cuáles son algunas de las posturas ideológicas y estéticas que se integran y se rechazan en el poema será el objetivo de este primer capítulo.

La estética romántica y la ideología altazoriana

Decir *romanticismo* nos lleva a examinar nuevamente los elementos que mejor caracterizan a esa "actitud" (ante el arte y ante la vida). Preferimos hablar del romanticismo como "actitud" antes que caer en los encasillamientos ortodoxos de siempre y verlo, por ejemplo, dentro del reducido ángulo del siglo XIX o de sus mayores exponentes: los románticos alemanes, ingleses, franceses, italianos y españoles. Un examen, aun somero, del fenómeno artístico y literario que llamamos *romanticismo* nos ayuda a precisar que sus características generales: subjetivismo, rebeldía, apasionamiento exaltado, conflicto entre lo ideal y lo real, ironía, actitud contra estéticas previas, y, al fin y al cabo, la perpetuación de la inconformidad (social, cultural, política, religiosa) que influyen en el comportamiento del artista han sido patrimonio no sólo de una determinada zona de escritores o de épocas, como el siglo XIX, sino de todas las épocas y literaturas europeas. Lo importante es recalcar que estas características se presentan en el poema huidobriano bajo una configuración operativa modificada. Tal modificación, no obstante, no anula los "préstamos" románticos (y, por lo tanto, los préstamos simbolistas, modernistas, futuristas y cubistas) presentes en la obra sino que es el mecanismo que tanto confirma las similitudes como las diferencias histórico-literarias que residen en la misma.

Para empezar, una clave esencial de la poética altazoriana se descifra a la luz del subjetivismo romántico[5]. Sabemos que en la obra romántica el protagonista es, invariablemente, el propio autor. La noción del "Yo" permea la obra en su totalidad. Se nos presenta como eje del discurso. En *Altazor* resulta fácil percibir, desde su comienzo, la presencia de ese "Yo" romántico absoluto (con sus angustias, sus deseos, sus delirios, su soledad, su desafío irónico, sus percepciones de superioridad y omnividencia y su recreación del mito del "elegido", del "héroe"[6]. Dos de las aseveraciones más categóricas del "Prefacio" nos resumen este hecho: "Nací a los treinta y tres años, el día de la muerte de Cristo..." (p.381)[7]; y "Lo veo todo, tengo mi cerebro forjado en lenguas de profeta..." (p.383).

Lo complejo y, al mismo tiempo, contradictorio en el poema es la naturaleza ambivalente de ese "Yo". Por un lado, es un nuevo "Dios", un símbolo indudable del héroe: "Señor Dios si tú existes es a mí a quien lo debes" (p.394); "Abrid la boca para recibir la hostia de la palabra herida/ La hostia angustiada y ardiente que me nace no se sabe dónde..." (p.397). Por otro lado, ese "Yo" es prisionero de su dolorosa piel humana: "¿Qué has hecho de esta bestia universal/ De este animal errante?/ Esta rata en delirio que trepa las montañas..." (p.390); "Por qué soy prisionero de esta trágica busca?..." (p.391); "Sufro me revuelco en la angustia/ Sufro desde que era nebulosa..." (p.392); "Soy todo el hombre/ El hombre herido por quién sabe quién..." (p.392); "Animal metafísico cargado de congojas/ Animal espontáneo sangrando sus problemas/ Solitario como una paradoja..." (p.393). La naturaleza contradictoria y ambivalente del "Yo" altazoriano engloba tanto una verosimilitud romántica, que propugna el concepto del poeta-Dios, del poeta "elegido", como una verosimilitud propia del siglo XX que ya percibe y sitúa al poeta-Hombre dentro de su angustioso existencialismo. Estas dos verosimilitudes chocan en el discurso. La tarea del poeta-protagonista será reconciliar esa "Lucha entre la piel y el sentimiento de una dignidad debida y no otorgada..." (p.396).

El subjetivismo también desata en el poeta romántico la percepción de sentirse ajeno a un mundo que empieza a vislumbrarse en vías de industrialización, un mundo que empieza a marginar su ímpetu creador al ir desalojando, paulatinamente, la producción cultural de su cerrado ámbito materialista para sustituirla con el delirio progresista/positivista/cientificista (que llegará a su punto de mayor dominio ideológico en el siglo XX). Semejante desalojo continuo provoca en el poeta, como era de esperarse, la insatisfacción ante la sociedad en que vive. Esta actitud, que, más bien, podríamos considerar como un mecanismo de defensa creador, corre por el mundo poético altazoriano[8]. La fenomenología de la insatisfacción contagia, a su vez, al espíritu de protesta que late dentro del poeta: "Hablo porque soy protesta insulto y mueca de dolor/ Sólo creo en los climas de la pasión/ Sólo deben hablar los que tienen el corazón claividente/ La lengua a alta frecuencia/ Buzos de la verdad y la mentira..." (p.396). La creación, de tal modo, se convierte en sinónimo de rebelión[9]. Este afán de rebelión creativa lo articula el protagonista del poema de Huidobro cuando afirma: "Liberado de este trágico silencio entonces/ En mi propia tempestad/ Desafiaré al vacío/ Sacudiré la nada con blasfemias y gritos..." (p.391). La actitud desafiante y el apasionamiento ególatra ante la sociedad y sus reglas son fases de la estética romántica que se intensifican en el poema de Huidobro para destacar otro mito operante en la obra: el mito del artista tanto "elegido" como "maldito". Ese artista "maldito" del siglo XIX y comienzos del XX es maldecido, precisamente, por mantener en alto, a través de su creación, la bandera contra el universo inerte y estéril de la burguesía. Como buen romántico, Huidobro logra recobrar para su poeta-protagonista (Altazor) una dimensión heroica[10].

Esta dimensión heroica del poeta-protagonista (como sucediera entre los románticos del siglo XIX y se agudizara entre los simbolistas y los modernistas) también provoca en éste el deseo o, más bien, la necesidad de amurallarse en su creación, de exaltar la individualidad creadora y el refinamiento estético sobre todo lo demás. El poeta se convierte en "torre de marfil". La obra artística es, para los efectos, su única arma, su mecanismo de defensa ante una sociedad en la que empiezan a regir las leyes de la producción y la ganancia (ideología capitalista que acelera con mayor avaricia su ritmo durante la época en que le toca vivir a Huidobro). Era una guerra que sólo podía perder el poeta. Nociones como valor, recepción, consumo (específicamente en relación a la poesía) ya estaban, a principios del siglo XX, firmemente dominadas y manipuladas por las nacientes burguesías, obsesionadas con acumular capital. Por otra parte, los modos de producción y de consumo del producto "literario" estaban orientados (y aún lo están en gran parte) por una minoría "culta" que articulaba (piénsese en los "ismos" de vanguardia) ideologías irrealizables dentro de una sociedad que, cada día, se alejaba (o las distanciaba el aburguesado elitismo del creador de cultura) de una producción cultural que se le vedaba comprender[11]. El poeta experimenta, por lo tanto, un desdén hacia la realidad que le rodea: "Cadenas de miradas nos atan a la tierra/ Romped romped tantas cadenas..." (p.405). El poeta exalta su *yoísmo* en pugna por liberarse de toda vivencia dentro de convenciones. Destaca, al unísono, su soledad como etapa necesaria para la trascendencia de lo cotidiano: "Liberación ¡Oh!sí liberación de todo/ De la propia memoria que nos posee..." (p.391).

El sentimiento anti-burgués altazoriano (sumamente ambiguo) también encierra el desdén hacia el mecanismo capitalista del *utilitarismo* en la que se desarrolla la nueva burguesía hispanoamericana. Esta, cabe recordarlo, empieza a desinteresarse de la producción estética cuando intenta medirlo todo en términos de producción y ganancia materiales. La burguesía quiere borrar la necesidad del poeta, quiere marginarlo. Tal fenómeno se agudiza durante el *modernismo* pero continúa siendo motivo de gran preocupación durante la *vanguardia* como lo confirman los versos siguientes del Canto I:

Después de mi muerte un día
El mundo será pequeño a las gentes
Plantarán continentes sobre los mares
Se harán islas en el cielo
Habrá un gran puente de metal en torno de la Tierra
Como los anillos construidos en Saturno
Habrá ciudades grandes como un país
Gigantescas ciudades del porvenir
En donde el hombre hormiga será una cifra
Un número que se mueve y sufre y baila
(Un poco de amor a veces como un arpa que hace olvidar
la vida)
Jardines de tomates y repollos
Los parques públicos plantados de árboles frutales
No hay carne que comer el planeta es estrecho
Y las máquinas mataron el último animal
Arboles frutales en todos los caminos
Lo aprovechable sólo lo aprovechable
Ah la hermosa vida que preparan las fábricas... (p.395)

El poeta-protagonista destaca, precisamente, los mayores peligros que nacen dentro de una sociedad que condiciona sus comportamientos culturales en base a "lo aprovechable". Allí el Hombre se convierte en hormiga/cifra/número viviendo una apócrifa vida futurista preparada por las fábricas. Por ello, en otra sección del Canto I, señala al proletariado como la única fuente de cambio: "Millones de obreros han comprendido al fin/ Y levantan al cielo sus banderas de aurora/ Venid venid os esperamos porque sois la esperanza/ La única esperanza/ La última esperanza..." (p.387). No puede pasarse por alto lo significativa que resulta ser esta postura "anti-burguesa" ambivalente del poeta-protagonista. Tal característica lo emparenta no sólo con el romanticismo sino que también es el efecto de los movimientos artísticos de vanguardia sobre la figura del poeta. Estos movimientos constituyen, "al margen de la complejidad que puedan alcanzar sus mecanismos al entrar en fricción con el escenario social en que se desarrollan, una propuesta de modificación de la ideología burguesa desde plataformas burguesas"[12].

Huidobro propone, a través de las protestas e injurias que pone en boca de su protagonista, modificar las convenciones impuestas por la ideología de la clase dominante. Al mismo tiempo, no puede desligarse de su propia participación dentro de tal ideología ya que es un productor (emisor estético) de una obra que se apoya, para su existencia, para su mercado, en un reducido público lector (culto, especializado) que asume la tarea de difundirlo dentro de un pequeño círculo intelectual. De tal manera, expresar sentimientos de protesta y mostrar desdén hacia la ideología dominante desde una plataforma en que el propio autor se percibe como el "elegido" de una élite literaria, no logra nada más que intensificar y confirmar los dominios (también en el plano cultural) de la ideología que impera. El producto termina dirigiéndose más a la superestructura que a la infraestructura[13]. Bourdieu, al hablarnos sobre la creatividad del intelectual, nos ayuda a aclarar la posición ambivalente del poeta respecto a su alejamiento y su participación dentro de una cultura burguesa:

> Sus elecciones intelectuales o artísticas más conscientes están siempre orientadas por su cultura y su gusto, interiorizaciones de la cultura objetiva de una sociedad, de una época o de una clase. La cultura que incorpora en sus creaciones no es algo que, agregándose de alguna manera a una intención preexistente, permanezca irreductible a su realización, sino que constituye, por el contrario, la condición de posibilidad de la integración concreta de una intención artística en una obra... Lo que traiciona el silencio elocuente de la obra es precisamente la cultura.[14]

Barthes, por su parte, defiende la noción de que el intelectualescriba su obra apoyándose en la superestructura al afirmar:

> Algunos quieren un texto (un arte, una pintura) sin sombra, separado de la "ideología dominante", pero es querer un texto sin fecundidad, sin productividad, un texto estéril (ved el mito de la Mujer sin Sombra). El texto tiene necesidad de su sombra: esta sombra es *un poco* de ideología, *un poco* de representación, *un poco* de sujeto: espectros, trazos, rastros, nubes necesarias: la subversión debe producir su propio *claroscuro*.[15]

No resulta superfluo añadir, como afirma Edoardo Sanguinetti en su ensayo, "Sociología de la vanguardia"[16], que en la obra de vanguardia la garantía estética del producto pretende ser la ausencia de toda relación formal con los productos admitidos en el mercado. Por ello, la vanguardia termina en los museos. La sociedad burguesa asume entonces la tarea de salvarla. Con ello, vuelve a fomentarse una relación recíproca "oficial" entre el artista y la sociedad. Esta, por consiguiente, vuelve a girar sobre sus ruedas culturalmente enmohecidas que reciben el aceite del cambio, de la renovación, de la experimentación y el riesgo artísticos: es una época de "creación".

Por su parte, en el *Altazor* Huidobro no pretende, en sí, provocar cambios de importancia dentro de las estructuras sociales y políticas de su pueblo sino, másbien, utilizar una concepción romántica (en la cual se han propugnado estos ideales) con miras a *recontemplar* la "posible" realización de los mismos desde un contexto más literaturizado. Lo suyo es un proyecto creador: radicalizar las convenciones operantes dentro del marco del lenguaje poético sin ignorar, por supuesto, las connotaciones políticas, sociales, y culturales inherentes en el proceso de semejante quehacer poético.

Otra faceta del legado romántico se da cita en el poema: el choque entre las idealizaciones del poeta y los frenos de la realidad. El choque de estas fuerzas antagónicas y sus consiguientes conflictos no hace sino agidizar el clima de tensión y de ruptura que recorre la obra[17]. El proyecto idealizante del poeta yace en su explícito deseo de cantar a una *imago* femenina en sus varias transformaciones (Virgen, Poesía, "Dadora de infinito"), de alcanzar el infinito (en el contexto altazoriano, posesión de las claves de lo poético, retorno a un lenguaje del principio), del afán por cambiarlo todo, por serlo todo. Véase los versos siguientes de los Cantos III y IV:

Mañana el campo
Seguirá los galopes del caballo

La flor se comerá a la abeja
Porque elhangar será colmena

El arco iris se hará pájaro
Y volará a su nido cantando

Los cuervos se harán planetas
Y tendrán plumas de hierba

Hojas serán las plumas entibiadas
Que caerán de sus garagantas

Las miradas serán ríos
Y los ríos heridas en las piernas del vacío

Conducirá el rebaño a su pastor
Para que duerma el día cansado como avión

Y el árbol se posará sobre la tórtola
Mientras las nubes se hacen roca... (Canto III- pp.405-406)

No hay tiempo que perder
Enfermera de sombras y distancias
Yo vuelvo a ti huyendo del reino incalculable
De ángeles prohibidos por el amanecer...

No hay tiempo que perder
A la hora del cuerpo en el naufragio ambiguo
Yo mido paso a paso el infinito... (Canto IV- p.409)

En el Canto V, por su lado, hay una larga serie que ilustra el gran poder transformador del poeta-protagonista:

Y he aquí que ahora me diluyo en múltiples cosas
Soy luciérnaga y voy iluminando las ramas de la selva
Sin embargo cuando vuelo guardo mi modo de andar
Y no sólo soy luciérnaga
Sino también el aire en que vuela
La luna me atraviesa de parte a parte
Dos pájaros se pierden en mi pecho
Sin poderlo remediar
Y luego soy árbol
Y en cuanto a árbol conservo mis modos de luciérnaga
Y mis modos de cielo
Y mi andar de hombre mi triste andar... (p.429)

A toda esta cosmovisión idealizada se oponen los vértigos de la realidad, los simulacros de lo amargo y de lo doloroso, el vertiginoso poderío de las fuerzas de atracción de la muerte y, al fin y al cabo, la toma de conciencia de las limitaciones lingüísticas respecto a una poética que pretende llevar al lenguaje a su infinito que resulta ser, paradójicamente, también su punto de partida. Es, por ello, que el poeta-protagonista reconoce (como anteriormente los románticos) la necesidad de establecer cierto antagonismo ideológico, cierto grado de discontinuidad respecto a lo estéticamente aceptado por escuelas o movimientos que le precedieron para eafirmar y justificar su propia existencia "independiente". Harold Bloom, quien ha analizado, la ansiedad del poeta al verse influido por la tradición literaria, define este momento de rechazo y de revisionismo poético como *kenosis*[18]. El poeta-protagonista de *Altazor* es, en sí, la síntesis creadora de diversas proclamas estéticas. A través de él, Huidobro articula su propia ideología estética. Recordemos que en sus escritos Huidobro acusa a la poesía anterior a él de no crear realidades propias[19]. En el poema se nos presenta a un protagonista que muestra desdén hacia la "palabra informe" del hombre, y a ésta opone su palabra poliforme, su anti-palabra. Nos vemos, entonces, ante una materialización expresiva que es "antipoética" en la medida en que representa una sensibilidad y perspectiva nuevas respecto a normas y léxicos poéticos anquilosados. Su palabra es "La palabra electrizada de sangre y corazón/ Es el gran paracaídas y el pararrayos de Dios" (p.400).

La formulación de la estética huidobriana toma también como

punto de partida la noción de que deben derribarse las fronteras que dividen los diversos géneros literarios. Con tal noción en mente, se práctica sistemáticamente a través de la obra la liberación de las inercias y de los encasillamientos de la "forma" compartidas, en mayor o menor grado, por escuelas anteriores. En el poema huidobriano presenciamos tanto prosa poética (ejemplo de ello es el "Prefacio") como la enumeración caótica (un ejemplo es el fragmento que comienza: "No hay tiempo que perder/ Para hablar de la clausura de la tierra...", en el Canto IV). Octavio Paz, al analizar la relación entre verso y prosa y la inserción del prosaísmo en la poesía romántica francesa, señala características que concuerdan con la estética huidobriana: "La aparición del prosaísmo es un alto, una cesura mental; suspensión del ánimo, su función es provocar una irregularidad. Estética de la pasión,filosofía de la excepción"[20]. Presenciamos en el poema, al mismo tiempo, tanto la rigurosa construcción de estrofas (por ejemplo, los pareados asonantados que inician el Canto III) así como la falta de uniformidad entre clases de estrofas y extensión, en cuanto a número de versos, de las mismas. Por tales razones, resultaría sumamente ingenuo intentar hablar de una concepción métrica uniforme a través de la obra.

La idealización de la mujer como entidad que encierra las más altas posibilidades de belleza, de espiritualidad y de poesía, es otro tema innegablemente romántico que se incorpora al poema. Una cuidadosa lectura del *Altazor* nos revela que la mujer amada e idealizada (esa Mujer-Virgen-Diosa-Poesía) es la que

guía al poeta en su larga trayectoria. La mujer es elevada a un plano cósmico bajo el cual su presencia no es tanto física como lo es espiritual: "Dejas caer tus luces como el barco que pasa/ Mientras te sigue mi canto embrujado/ Como una serpiente fiel y melancólica/ Y tú vuelves la cabeza detrás de algún astro" (p.400); "Se pierde el mundo bajo tu andar visible/ Pues todo es artificio cuando tú te presentas" (p.401); "Tu frente luminosa como un anillo de Dios/ Más firme que todo en la flora del cielo" (p.402); "Tengo esa voz tuya para toda defensa" (p.402); "Tu voz hace un imperio en el espacio/ Y esa mano que se levanta en ti como si fuera a colgar soles en el aire/ Y ese mirar que escribe mundos en el infinito/ Y esa cabeza que se dobla para escuchar un murmullo en la eternidad" (p.404). A diferencia del poema dantesco, en el cual la mujer no sólo guía al poeta sino que también dialoga con él, en el poema altazoriano se le dedica a esta figura arquetípica idealizada un largo monólogo-homenaje que no se limita tan sólo al Canto II sino que se distribuye a lo largo del discurso en diversas instancias fragmentadas. La mujer altazoriana, más allá de guía espiritual, es un marco de referencia, una especie de "eje de todo lo posible", ya que, al fin y al cabo, será una imagen de su propio *Yo*.
En este caso, la correspondencia Sofía-mujer amada es evidente: "la mujer como ánima (alma del hombre) y como guía espiritual"[21] ayuda al poeta a ver, a oir y a cobrar consciencia del poderoso don de su voz poética-profética. Bajo una perspectiva psicoanalítica, la noción de la mujer como ánima se logra plenamente en

el poema ya que sirve para representar el nivel inconsciente del actante (el poeta-protagonista). Para el poeta-protagonista, de hecho, ella es la "Nacida en todos los sitios donde pongo los ojos" (p.404). Ese plano inconsciente es, en términos lacanianos, el estadio del espejo cuando el sujeto descubre su "otro" yo: su adversario y semejante (objeto de sus deseos, de su alejamiento, de su vacío)[22]. No obstante, ese "otro" posibilita, en el poema altazoriano, la realización de la escritura poética y la del regreso del protagonista a un origen primigenio. El poeta *no puede ser* sin ese "otro" yo (imagen especular: enemiga y complementaria, al unísono) que es la mujer (ánima, guía, mundo espiritual).

Se desprende de lo anterior que la mujer altazoriana, más allá de los atributos ideales que hemos citado, se transfigura en centro generador de lo poético. Ese arquetipo femenino idealizado es una *entidad escritural*. Ella es la *imago mundi* de la "Palabra". A través de ésta es que el poeta, precisamente, la visualiza como "la profundidad de toda cosa" (p.403). Como tal *profundidad*, la mujer, en el contexto altazoriano, es la presencia con la cual el poeta llena su vacío y resiste las embestidas de la compleja red metafísica y existencialista de la soledad, el temor y las angustias que lo rodean. Como profundidad, una de cuyas imágenes es el "centro", la mujer recobra la posibilidad de ser un "espacio" en el cual el poeta no sólo puede buscar su "salvación" (albergue) respecto a la noción de *caída* sino también sirve para representar (tal espacio) el principio y fin de toda cosa. Ese "espacio" es alpha y omega ya que llena de sentido y significación toda empresa posible (incluyendo el "oficio" de poetizar). Ese "espacio" es semántico; forma de "espacio engendrador" donde la mujer se metaforiza en "Dadora de infinito".

Si el poeta escribe es porque ha cobrado consciencia de su *vivencia en el vacío*. El poeta necesita un mecanismo para llenar ese vacío, esa ausencia: la escritura poética; y una presencia: la mujer. Descubrir ese *vacío-ausencia*, aunque parezca paradójico o contradictorio, es potencializar el encuentro con la más infinita plenitud. Es, en definidas cuentas, descubrir las infinitas posibilidades de la expresión poética y cómo tal expresión se relaciona, íntimamente, a la existencia simbólica de un "más allá", de un "campo inexplorado", como el poeta señala en el Canto V, cuyos secretos viven en esa entidad femenina ya convertida en *escritura*. De tal forma, la interrelación, Poesía/ Mujer (amada), finalmente puede "leerse" como una *identificación total*: son relaciones intercambiables. Es decir, si la mujer provoca la presencia del texto, también es cierto que el texto posibilita la existencia de la mujer en el discurso: "Y al fondo de ti misma recuerdas que eras tú/ El pájaro de antaño en la clave del poeta" (p.403). La mujer es tanto presencia (desde un punto de vista espiritual) como ausencia, tanto cercanía como lejanía. Se opera en el texto una óptica ambigua ante ella ya que ésta pone en marcha ambos planos discursivos simultáneamente.

En el poema altazoriano, la clave que el poeta busca en la mujer es la clave de la poesía. Lo interesante es que tal clave *no se dice*, no se articula explícitamente en el discurso. *Esta ausente*[23]. No obstante, esta "ausencia", este confín ideológico donde también está enclavada la mujer, son los que generan, a su vez, el texto. En este sentido, Pierre Macherey, al indagar sobre la relación ausencia/obra literaria, ha tocado un punto fundamental de lo que es la obra cuando se analiza bajo una perspectiva crítica:

> ...la obra existe sobre todo por sus ausencias, por aquello que no dice, por su relación con lo que no es ella. No es que, propiamente hablando, pueda disimular algo: ese sentido no lo ha ocultado en lo más profundo de ella misma, disfrazado; la cuestión no es, pues, revelarlo mediante una interpretación. No está en la obra, sino al lado de ella: en sus márgenes, en ese límite donde deja de ser lo que pretende ser, porque allí está referida en las condiciones de su posibilidad[24].

Con suma razón, por lo tanto, puede proclamar el poeta-protagonista en el segundo canto: "Qué me importa ese miedo de flor en el vacío/ Qué me importa el nombre de la nada/ El nombre del desierto infinito/ O de la voluntad o del azar que representan" (p.402). El poeta-protagonista ha descubierto, en resumidas cuentas, que no hay razón para temerle al vacío, a la nada y a los polos opuestos que representan: voluntad/azar, ya que su trayectoria está protegida por la entidad que ha hecho tal trayectoria posible: la entidad escritural, la Mujer con su propio "lenguaje de semilla" potenciando el del principio.

La praxis simbolista en el poema

La estética simbolista es una estética de correspondencias[25]. Tales correspondecias no son, de modo alguno, realistas o fácilmente acequibles a las experiencias del lector. Por el contrario, son correspondencias de carácter insólito, "irracionalista"[26]. Aún así, el *simbolismo* reposa sobre una filosofía de la unidad: asume, pues, un carácter unitario cuyas manifestaciones son el inmenso esfuerzo de síntesis y la búsqueda de armonía.

Modernistas como Darío, quien, como ya sabemos, leyó con avidez a los simbolistas, heredan este legado de las "correspondencias" y, con ello, la intensificación del subjetivismo que tal visión sintetizadora implica. En la poesía contemporánea, la tendencia a la correspondencia (según Carlos Bousoño) se debe, precisamente, al gran subjetivismo del período. Por supuesto, damos por sentado que los antecedentes de semejante subjetivismo han de encontrarse en las obras de los románticos.

> Como lo importante de las cosas es la impresión que las cosas nos producen, y las impresiones se hallan en el yo, cuanto hay en el mundo, por lo que toca justamente a lo importante y decisivo, radicará en la subjetividad del poeta, formará parte de esa subjetividad, *será* esa subjetividad. La rama, el pájaro, el arroyo, el jardín, la luz del cielo, el campo, todo se hace así, idéntico con el poeta mismo, pues todo se entiende sólo en cuanto sensaciones o emociones...[27]

En la poética altazoriana se ha de enfocar la noción de correspondencia desde una perspectiva lingüística y literaria mucho más crítica. Se empieza yendo un pasó más allá de la articulación de un universo poético basado en sinestesias para poner en tela de juicio la propia validez del proceso (valdría decir, de la técnica) bajo el cual se generan tales correspondencias y del resultado y propósito que encierran. He aquí un ejemplo: comenzando con la imagen "molino de viento", en el Canto V, el poeta-protagonista procede a articular una larga serie de imágenes *pertinentes* e *impertinentes* respecto a la inicial[28].

> Jugamos fuera del tiempo
> Y juega con nosotros el molino de viento
> Molino de viento
> Molino de aliento
> Molino de cuento
> Molino de intento...
>
> Molino del portento
> Molino del lamento
> Molino del momento...
>
> Molino en fragmento
> Molino en detrimento
> Molino en giramiento...
>
> Molino con talento
> Molino con acento
> Molino con sufrimiento...
>
> Molino para aposento
> Molino para convento
> Molino para ungimiento...
>
> Molino como ornamento
> Molino como elemento
> Molino como armamento...
>
> Molino ceniciento
> Molino polvoriento... (pp.423-427)

No hemos hecho sino dar un muestrario de las imágenes que se incorporan a la imagen pertinente, "molino de viento". El grado de irracionalismo de gran parte de las imágenes provoca en el lector el consecuente rechazo de las mismas como portadoras de una realidad, de una verdad que pueda comprobarse. Esto no quiere decir que el lector no las acepta sino que aprende a "leerlas" dentro del contexto poético impertinente que las hizo posibles. Aprende, en efecto, a asimilarlas como "materializaciones posibles" dentro del plano ficticio que, preconcebidamente, éste otorga al texto. Nótese que la mayoría de los términos usados en la sustitución de "molino de viento" (por ejemplo, "molino en fragmento" y "molino como armamento") son expresiones que encierran un valor semántico independiente de lo convencionalmente atribuido, como realización (y realidad) a la figura del molino[29]. Los términos con "molino" son "simbolizaciones que lo que nos están diciendo nos lo enuncian *sobre todo* de otro ser, aunque lo digan también, más débilmente, por sí, ante sí y desde sí mismas"[30]. Son simbolizaciones que interiorizan (en el poema de Huidobro) los distintos estados de ánimo del poeta-protagonista. En el análisis final, el molino altazoriano es un "molino girando en la memoria" (p.427) subjetiva del "Yo" poético.

Ahora bien, en el fragmento que acabamos de citar, la noción de correspondencia que podía englobar la imagen se explota, de destruye. Tal fenómeno, paradójicamente, connota, por cierto, no sólo una *de-construcción* sino también una *re-construcción* del mecanismo expresivo en la poesía. La práctica sistemática de la ruptura en la noción de correspondencias en el poema huidobriano se orienta, ideológicamente, en dos direcciones. Por un lado, la presencia de términos impertinentes respecto a la imagen pertinente "molino de viento" es una *remotivación* de la lengua objetivista de todos los días. Hay que recordar que las estéticas simbolista, futurista, cubista, y la propia creacionista de Huidobro se concentraron en la problematicidad del lenguaje artístico. Fue "fundamentalmente una crítica-alternativa a los lenguajes vigentes, la puerta de acceso utilizada para introducir sus proyectos de modificación parcial de la ideología artística"[31]. Por otro lado, el poeta-protagonista, al poner en movimiento su propia ideología de la ruptura, quiere sentir que ha superado ese residuo simbolista (la noción de correspondencias) que entra al poema a un nivel mucho más hipercrítico e intenso. La imagen "molino de viento" y, tras ella, todo el mecanismo simbólico que hace girar, no sólo se fragmenta y se atomiza sino que recobra su naturaleza polisémica ya que cada verso multiplica sus niveles interpretativos. O sea, es tanto la representación del vacío de los significados como el eje de todo significado: el campo semántico que encierra toda potencialidad de significación.

En el *Altazor* nos encontramos entonces ante una lectura (la lectura del "molino de viento") que, a través de reiteraciones, de estructuras sintácticas similares y del uso de un mismo patrón monorrítmico (asonancias en *e-o*) a lo largo del fragmento, intenta negar, trivializar y/o rendir obsoleto el proceso de simbolización y, acto seguido, intenta formular un *infinito semántico*. La realización estética altazoriana, a lo largo de esta lectura, remotiva la visión mallarmeana-simbolista ante el proceso poético. Como ha señalado Gerald Bruns, "in poetry the aesthetic experience is finally an experience of language itself"[32]. Fenómeno similar se da cita en el Canto III, en el fragmento que empieza, "Basta señora arpa de las bellas imágenes" (pp.406-407). Allí, el poeta continúa proclamando su desdén hacia varios de los excesos característicos de estéticas previas, como el simbolismo y el modernismo, parodiando el uso del símil. De nuevo experiemtamos el rechazo del poeta-protagonista hacia el objetivismo pero, al mismo tiempo, la larga serie de comparaciones indirectas (símiles) representa un policentrismo significativo donde no se excluye la parodia de un contexto simbolista.

Resulta obvio cuán ambigua es la posición ideológica-estética del poeta-protagonista respecto a la escuela simbolista. Por un lado parodia a los simbolistas y, por el otro, es indudable la continuación de ciertas doctrinas simbolistas en su poética. Por ejemplo, según Valéry, para escribir dentro de la doctrina simbolista había que aislar definitivamente a la poesía de toda esencia que no fuera ella misma; escribir lo que podríamos considerar "poesía pura". De hecho, una de las búsquedas esenciales de los simbolistas es la aventura de la pureza y del silencio. En nuestro poema, la aventura del lenguaje poético toma una ruta muy parecida a la simbolista pero con una importante diferencia. Se busca sí la "pureza" (que en el mundo altazoriano es la vuelta a un *lenguaje del principio*) y el "silencio" (en el análisis final, ese *lenguaje del principio* nada dice: ese lenguaje es el principio y el fin de lo poético) pero ahora, debido al caos y la fragmentación de las estructuras culturales que el poeta maneja, éste pugna por convertirse en principio ordenador (valiéndose del legado emersoniano y whitmaniano que lleva en su interior) de semejante caos. Los simbolistas creían alcanzar estos ideales a través de la tradición (para ellos, la fuente común del arte), de la analogía, de la restitución del orden del universo, de unlenguaje que fuera un paradigma de correspondencias. Para el protagonista alatzoriano, sin embargo, la ruta hacia la pureza y el silencio sólo puede encontrarse en el grado en que se rompe con la tradición y se articula una nueva ordenación del universo: estructuración de la ruptura. Ya no puede verse a la naturaleza como fórmula baudelaireana: "la nature est un temple" (véase su soneto, "Correspondances"), como realidad inmueble e intocable sino, más bien, como generadora de una dinámica plena de contradicciones y rupturas[33].

Por otra parte, el considerar a la poesía una religión (Valéry) es una característica que Darío primero y, luego, Huidobro incorporan a sus propios credos estéticos. Por ello, para

Mallarmé la poesía expresaba el sentido misterioso de la existencia: era algo sagrado. No en vano Saint-Pol-Roux la consideraba una "seconde création". Nótese que ya en esta afirmación hay un primer indicio de lo que décadas más tarde formula, teóricamente, Huidobro en la forma de *creacionismo*. El poeta es un pequeño Dios que, a través de la contemplación dinámica de las cosas, redescubre el paraíso[34]. Lo *alusivo*, lo *contemplativo*, lo *misterioso* y lo *sugestivo* son términos claves que describen importantes doctrinas simbolistas como la oposición al realismo parnasiano. Estas términos se convierten en convenciones propias del movimiento y llegan hasta la vanguardia. De hecho, el simbolismo, según Arnold Hauser, representa:

> ...el resultado final deldesarrollo que comenzó con el Romanticismo, esto es, con el descubrimiento de la metáfora como célula germinal de la poesía, y que condujo a la riqueza de imágenes impresionistas, pero no sólo repudia al impresionismo por su visión materialista del mundo y al Parnaso por su formalismo y su racionalismo, sino que rechaza también al Romanticismo por su emocionalismo y por el convencionalismo de su lenguaje metafórico. En ciertos aspectos el simbolismo puede ser considerado como una reacción contra toda la poesía anterior; descubre... la poesía que surge del espíritu irracional y no conceptual del lenguaje, que se opone a toda interpretación lógica[35].

Es indudable, a pesar de las obvias diferencias, la afinidad entre los simbolistas franceses y Huidobro[36]. No resulta superfluo añadir que, al mismo tiempo que los simbolistas se dedicaban a construir todo un sistema poético en base a las correspondencias, en su credo estético y, con ello, en las obras que produjeron, siempre suena la nota ambigua, imprecisa e indefinida que también caracteriza a su poética. No cabe duda que Huidobro se muestra partícipe de este legado al redactar su *Altazor*. En los primeros trece versos del Canto I y durante los "diálogos" entre el poeta y Dios de ese Canto inicial tenemos dos ejemplos de lo que acabamos de apuntar. Hay indeterminación respecto al "hablante": ¿Es el poeta? ¿Es el creador? El discurso articulado se torna, por lo tanto, ambiguo ya que las interrogaciones y las injurias, donde aparecen los siguientes lexemas: "ángelmalo"; "espada"; "primera serenidad"; "dios"; "verdad"; "orden"; y "belleza", que se interrelacionan (sémicamente) con la isotopía "cristianismo", nos inclina a pensar que quien las articula es ese "Dios". Dios, en tal caso, se dirige al poeta. El poeta, como en la práctica poética miltoniana de *Paradise Lost*, ya ha sido despojado de la "gracia divina" y sufre las consecuencias de la "caída". Al mismo tiempo, podemos considerar que el discurso se genera a nivel subconsciente en el poeta-protagonista en el momento en que éste lucha con su nivel consciente (decisión de abandonar sus raíces cristianas). En tal caso. para el poeta-protagonista este es un momento inicial de auto-crítica y auto-descubrimiento y, juzga, que apropiándose (metafóricamente) de la figura de Dios podrá encontrar respuestas a su metafísica angustiosa. La ambigüedad no termina ahí. A nivel morfosintáctico, la ambigüedad estriba en eluso de la segunda persona singular (tú), "Estás perdido...", y el uso del reflexivo (me) en primera persona. Parecería lógico pensar en la existencia de dos hablantes discordes, de dos voces (Poeta/ Creador-Dios) pero el propio poeta-protagonista nos da la clave:

"Soy yo Altazor el doble de mí mismo/ El que se mira obrar y se ríe del otro frente a frente" (p.387). Desde esta perspectiva no es difícil percibir al poeta-protagonista como un ser capaz de desdoblarse y transformarse en otras identidades (factor que analizamos con mayor detenimiento en el cuarto capítulo del presente estudio).

He aquí otro ejemplo de ambigüedad en el discurso: en el "Prefacio" las interrogaciones retóricas ("¿Habéis oído?"; "¿Qué esperas?"),¿quién las formula? ¿El Creador? ¿El poeta? ¿La Virgen? Una lectura posible nos lleva a afirmar que el responsable de tal enunciado es el propio poeta-protagonista (bajo una especie de monólogo interior) reafirmando su postura estética de desdoblarse en tres "personas" poéticas distintas y, a la vez, complementarias (Hombre/ Poeta/ Mago) y señalando que, consiguientemente, la poesía (bajo la representación simbólica, "paracaídas") también engloba tres etapas diferenciadoras y complementarias de articulación. Estamos, entonces, en la fase inicial de la simbiosis entre las "personas" poéticas y lo articulado en el discurso. La siguiente gráfica ayuda a explicar esta simbiosis de la experiencia poética altazoriana.

Donde *ABC* representa la relación entre Poesía y "personas" poéticas y *A'B'C'* lo que la Poesía representa para cada entidad. De aquí podemos derivar una ecuación que ilustre la simbiosis:

Poesía= (*ABC=A'B'C'*), ya que en la misma medida en que se diferencian las "personas" poéticas se diferencian, a su vez, cada elemento que articulan.

Ahora bien, si leemos cuidadosamente el poema notamos que es la "voz" del poeta la que impera sobre las otras dos voces (la del Hombre y la del Mago). En los siguientes versos del Canto III tenemos prueba de ello: "Manicura de la lengua es el poeta/ Mas no el mago que apaga y enciende" (p.406). Ante esta toma de consciencia de la necesidad de refinamiento y desconceptualización de la expresión poética, el protagonista no tiene más alternativa que ser el "nuevo atleta" (símbolo, por su parte, del poeta nuevo que matiza una "nueva" forma de decir poético enfrentándose a la "pista mágica"=página en blanco para jugar con "magnéticas palabras")[37]. Dentro de la ambigüedad, la contradicción y la imprecisión que caracteriza a esta noción de "voz" del poeta-protagonista en el discurso, resulta deliberadamente contradictoria su posición ideológica-estética respecto a la función de la *Palabra* en elpoema. Por un lado, es el poeta que desconfía de las palabras:

Hay palabras que tienen sombra de árbol
Otras que tienen atmósfera de astros
Hay vocablos que tienen fuego de rayos
Y que incendian donde caen

Otros que se congelan en la lengua y se rompen al salir
Como esos cristales alados y fatídicos
Hay palabras con imanes que atraen los tesoros del abismo
Otras que se descargan como vagones sobre el alma
Desconfía del ardid ceremonioso
Y de la poesía
Trampas
        Trampas de luz y cascada lujosas
Trampas de perla y de lámpara acuática... (p.398)

Es el poeta que reconoce, en el Canto III, los excesos de la poesía anterior, específicamente la simbolista y la modernista:

Poesía aún y poesía poesía
Poética poesía poesía
Poesía poética de poético poeta
Poesía
Demasiada poesía
Desde el arco iris hasta el culo pianista de la vecina
Basta señora poesía bambina
Y todavía tiene barrotes en los ojos... (p.406)

A esta "demasiada poesía" el poeta opone la suya: "Quiero darte una música de espíritu/ Música mía de esta cítara plantada en mi cuerpo/ Música que hace pensar en el crecimiento de los árboles" (p.398). La concepción de una "música de espíritu", sin embargo, forma parte esencial de la estética simbolista. La contradicción del poeta-protagonista es muy aleccionadora. Esta refleja los problemas y las complejidades del quehacer poético cuando es hijo directo de diversas estéticas anteriores que el poeta se afana en diluir y negar en su obra.

Es indudable que la visión simbolista ante lo que representa la palabra, el de anteponer la palabra sobre todo lo demás, vive en el *Altazor*. Es, para resumir, la visión mallarmeana llevada a su último confín: visión particular "of the transcendent word of language which belongs neither to the world of things nor to the human world of speech but rather primordial emptiness... a pure quality unpredicated of any reality but the word"[38]. Esta "pura cualidad", "l'infini-néant" mallarmeano, sirve para representar el poder creador de la palabra poética en la trayectoria (del "Prefacio" al "Canto VII") hacia su infinito, hacia su nada.

Estética rubendariana: el legado de la contradicción

En tal sentido, la poética huidobriana que se articula en *Altazor* muestra tangencias con la poética dariana encontrada, por ejemplo, en *Prosas profanas* (1896) y en *Cantos de vida y esperanza* (1905). Cuando Darío escribe *Prosas profanas* tal momento representa un punto de integración de diversas estéticas, entre ellas la romántica, la parnasiana y la simbolista. Estas estéticas, como sabemos, se caracterizaron por su afán de individualismo subjetivista que implicaba el derecho a una independencia estética-cultural (y aún moral). Huidobro, al escribir *Altazor*, aunque postula un nuevo afán de libertad creadora y, de hecho, inaugura nuevos campos discursivos de la expresión poética en el ámbito hispánico, no puede divorciarse del hecho de que su nueva interpretación de lo estético se vea influida por estéticas anteriores[39]. Huidobro en su *Altazor*, como Darío en *Prosas profanas*, representa un momento crítico de integración de las diversas estéticas ya articuladas en la poética dariana y en las estéticas futurista y cubista. Por ello, podemos hacer una lectura ideológica-estética del poema partiendo del legado dariano que, indudablemente, posee el mismo.

Una prueba inicial de las semejanzas ideológicas entre ambos poetas la encontramos en la siguiente descripción que nos hace Saúl Yurkievich de Darío:

> Darío es el primero en salir del estrecho recinto de las literaturas nacionales, el primero en vivir por doquier, en abandonar

> su Nicaragua natal... el primero en preconizar y encabezar un movimiento literario internacional, en abrirse con máxima receptividad a todos los estímulos, en absorber y propagar una amplia, diversa gama de influencias extranjeras, el primero en sentirse mundial, actual, en practicar un auténtico cosmopolitismo; también el primero en abolir censuras morales, en promover una reflexión teórica sobre la literatura...[40]

Huidobro también se declara en contra del estrecho recinto de las literaturas nacionales, también abandona su patria para irse a París y escribir varios libros en francés; encabeza un movimiento literario (el creacionismo); practica el cosmopolitismo; su obra recibe una diversa gama de estímulos (y no sólo de naturaleza litearria); y escribe manifiestos teóricos sobre su poesía. Lo paradójico o, más bien, lo contradictorio en el poema altazoriano es que no se trascienden o nulifican estéticas previas sino que se intensifican. De hecho, las direcciones y postulados estéticos del modernismo son intensificados, a un nivel global, por vanguardistas como Huidobro.

Por otro lado, tanto en la obra de Darío como en la de Huidobro se vislumbra elansia por crear un mundo ideal, utópico. No obstante, hay, entre ambos poetas, una diferencia fundamental en cuanto a la manera de alcanzarlo. En el poema de Huidobro, por ejemplo, ya no se obedece a la noción de un ritmo universal que rige al cosmos sino todo lo contrario. La noción de "correspondencias" (como señalamos en el apartado anterior) la utiliza Darío para crear un sentido de integración totalizadora, rítmica, unitaria, perfectamente uniforme (aún en sus etapas métricas de intensa experimentación). Como ha señalado Paz:

> Los nuevos ritmos de los modernistas provocaron la reaparición del principio rítmico original del idioma; a su vez, esa resurrección métrica coincidió con la aparición de una nueva sensibilidad que, finalmente, se reveló como una vuelta a la *otra* religión: la analogía. *Tout se tient*. El ritmo poético no es sino la manifestación del ritmo universal: todo se corresponde porque todo es ritmo[41].

En la poética altazoriana, las correspondencias son, en todo caso, las de los "contradictorios ritmos que quiebran el corazón" (p.395). Por ello el poeta-protagonista confiesa en el verso siguiente: "En mi cabeza cada cabello piensa otra cosa". El mundo-utopía que articula el hablante lírico no puede concebirse sino bajo el signo de la contradicción y la ruptura. He aquí que en la misma manera en que la estética de Darío y la de Huidobro se diferencian también se corresponden: ambas nacen dentro de ambientes sociales y culturales contradictorios. El modernismo, vale recalcarlo, es una estética de contradicciones[42].

Ante la noción de una "correspondencia" universal que quiso elaborar Darío, su estética tuvo que enfrentarse a la carencia de unicidad caracterizada por la destrucción de tradicionales vías de acomodación social y el sucesivo aislamiento y enajenamiento del individuo. Ser poeta pasó a constituir una vergüenza dado la imagen pública que se tenía de éste como la del esteta delicado e incapaz. La estructura socio-económica dominante, al juzgar todo en términos de "productividad", se dio en rechazar la creación artística transformando al poeta en una "torre de marfil". Como nos dice Angel Rama, "la religión del arte es la forma ideológica de la especialización provocada por la división del trabajo, en un momento en que ha quebrado el público real"[43]. La función social del poeta se redujo a preservar los valores del *arte* y la *belleza* frente a la mediocridad del medio ambiente. De hecho, la postura anti-burguesa de los modernistas fue, más bien, un residuo aristocratizante arraigado en los valores señoriales vigentes de la clase dominante[44].

Claramente, tampoco podía regir un sentido de "armonía" donde se insistía en la experimentación (la tradición de la ruptura) y en la irreverencia (manifestada en el desprecio hacia cánones literarios establecidos). El deseo por abarcarlo todo (Darío es un ejemplo de ello) creó una especie de sincretismo literario. El ambiente literario, verdaderamente babélico, inculcó en el escritor, y en el artista en general, una concienciación mucho más crítica de su individualismo, tanto en el plano ideológico como en el estético. El resultado en Darío fue la anarquía literaria/ideológica/estética[45]. Huidobro, por su parte, señalaba en *Pasando y pasando*, "lo único que deseo para mis libros es el aplauso de unos cuantos... y el ataque rudo de la noble mediocridad imperante en estas tierras. Quiero que mis libros queden muy lejos de la visual de las multitudes y del vientre de la sana burguesía" (p.657). Darío, en sus palabras "Al lector" de su libro, *Cantos de vida y esperanza* afirma categóricamente:

> Podría repetir aquí más de un concepto de las palabras preliminares de *Prosas profanas*. Mi respeto por la aristocracia del pensamiento, por la nobleza del Arte, siempre es el mismo. Mi antiguo aborrecimiento a la mediocridad, a la mulatez intelectual, a la

> chatura estética, apenas si se aminora hoy con una razonable indiferencia... Yo no soy un poeta para muchedumbres. Pero sé que indefectiblemente tengo que ir a ellas[46].

Para poetas como Darío y Huidobro, el pueblo siempre habría de representar lo mediocre[47]. Sólo entonces resulta fácil entender por qué el modernismo (y luego la vanguardia) se orientó más hacia "la necesidad de antagonizar una pobre actitud realista o sociológica nutrida por una ideología de la reproducción de núcleos ideológicos 'comprometidos'"[48]. De aquí que tanto Darío como Huidobro no deseen "añadirse a una pobreza cultural sino desbordarla y, en cambio, proponer el esquema de una riqueza efectiva en el campo específico de la literatura y, por extensión, en el de la cultura"[49]. Ambos poetas hacen de la praxis poética un *sacerdocio*. Darío, por ejemplo, reconoce que "sentirse poseedor del sagrado fuego y no poder acercarse al ara; luchar con la pobreza, estar lleno de bellas ambiciones y encontrarse solo... es cosa áspera y dura"[50]. Darío postula un *arte en silencio* cuyos aspectos esenciales son el desdén hacia lo vulgar y el predicar la religión de la belleza. No en vano afirma en "El arte en silencio":

> ...creo en el individualismo artístico y social. Creo que el arte, ese silencioso apostolado, esa bella penitencia escogida por algunos seres cuyos cuerpos les fatigan e impiden más que a otros encontrar lo infinito, es una obligación de honor que es necesario llenar, con la más seria, la más circunspecta probidad...[51]

El acto poético como sacerdocio no sólo está íntimamente ligado al credo de superioridad que predica el poeta incesantemente sino que también se ve vinculado a la ideología cristiana que parodia (en el caso del poema huidobriamo) y de la cual reniega. Paz ha explicado este "rompimiento" con la tradición cristiana de la siguiente forma:

> En las palabras del poeta oímos al mundo, al ritmo universal. Pero el saber del poeta es un saber prohibido y su sacerdocio es un sacrilegio: sus palabras, incluso cuando no niegan expresamente el cristianismo, lo disuelven en creencias más vastas y antiguas. El cristianismo no es sino una de las combinaciones del ritmo universal... Esa nota no-cristiana, a veces anticristiana, pero teñida de una extraña religiosidad, era absolutamente nueva en la poesía hispánica[52].

El poeta, al negar sus raíces cristianas, no hace más que intensificarlas al sustituir un dios (el del cristianismo) por otro (el de la poesía, encarnado en su figura). Nuevamente, un libro de Darío nos sirve como referencia fundamental para esta noción. En *Los raros*, al hablar sobre Ibsen, afirma: "Consagrado a su obra, como a un sacerdocio, es el ejemplo más admirable que pueda darse en la historia de la idea humana, de la unidad de la acción y del pensamiento. Es el misionero formidable de una ideal religión..."[53] Hay, sin duda alguna, una noción de lo sagrado explícitamente articulada en el poema de Huidobro que se interrelaciona al propio acto de poetizar. Al mismo tiempo, términos como *torremarfilismo*, *originalidad*, *sacerdocio*, son nociones que se reconcilian a través del acto poético. Citamos dos ejemplos. El primero, de Darío (de su "Cantos de vida y esperanza"

La torre de marfil tentó mi anhelo;
quise encerrarme dentro de mí mismo,
y tuve hambre de espacio y sed de cielo
desde las sombras de mi propio abismo...

Mas, por gracia de Dios, en mi conciencia
el Bien supo elegir la mejor parte;
y si hubo áspera hiel en mi existencia,
melificó toda acritud el Arte.[54]

En el poema de Huidobro, el sacerdocio del poeta-protagonista es aún más enfático ya que éste yace más alejado del Dios cristiano:

Yo hablo en nombre de un astro por nadie conocido
Hablo en una lengua mojada en mares no nacidos
Con una voz llena de eclipses y distancias
Solemne como un combate de estrellas o galeras lejanas
Una voz que se desfonda en la noche de las rocas
Una voz que da la vista a los ciegos atentos... (p.398)

Este es el discurso de un Dios: discurso primigenio, cósmico, milagroso. Al mismo tiempo, es el discurso de un dios contradictorio, sacrílego. Como en Darío, el autor de *Altazor* pugna "con su conciencia cristiana contra una antagónica bipolaridad entre virtud y pecado, entre espiritualidad y condición carnal... entre ascensión y naufragio, entre lo sagrado y lo profano..."[55] Siguiendo esta tónica, podría confirmarse que las nociones de superioridad y de torremarfilismo fueron características que compartieron las diversas estéticas de vanguardia. En un texto vanguardista de Guillermo de Torre titulado, "Bengalas", se dice explícitamente: "Urge corregir un error que anula tan nobles voluntades: No hay que descender hasta el público; hay que impulsarle a elevarse hasta nuestro nivel"[56].

Hemos hablado sobre el sacerdocio poético de Darío y de Huidobro. Ahora sólo falta señalar el diferente enfoque que se opera en ambos. En Huidobro, por ejemplo, también hay antagonismo hacia la tradición literaria ("Altazor desconfía de las palabras"). El "agonismo" huidobriano (usamos el término según la teoría fenomenológica de Renato Poggioli)[57] se agudiza a un nivel mucho mayor e hipercrítico que en la obra dariana. En Darío, el deseo de afirmar una fe se convierte en congoja y en duda. En el *Altazor* tal agonismo es un "destruirse" para volver a ser. Es una destrucción del lenguaje para regresar a un lenguaje mítico, primigenio. No resulta difícil discernir que estamos ante un *sacerdocio de la ruptura* en Huidobro[58] mientras que en Darío presenciamos un *sacerdocio de la armonía* (praxis que, al nivel de la expresión poética, intenta compensar la falta de orden y belleza en la sociedad y en la cultura instalando tales elementos "armónicos" en los planos ideológicos de la producción estética).

Por último, y a manera de resumen, hagamos una enumeración de otros factores ideológico-estéticos que entran en la obra dariana y que se continúan en el poema de Huidobro:

1) Reconocimiento de los peligros que puede engendrar el excesivo culto al progresismo cientificista. En este sentido, la postura anti-cientificista en el *Altazor* es más aguda que la de Darío. Yurkievich nos dice al respecto: "los modernistas son los primeros adeptos a la modernolatría futurista... se dejan penetrar por el culto al cambio que la aceleración de la era tecnológica provoca"[59]. No obstante,

Darío también sabe "entrever los males de uno de los productos más representativos de la omnipotente sociedad industrial: la concentración masiva en un paisaje manufacturado, en una antinaturaleza de hierro y hormigón"[60];

2) incorporación de la ambigüedad, de la imprecisión y de la incertidumbre en el interior del discurso poético. "El concierto, la simetría, la regularidad, las normativas razonadas son corroídos, conmovidos por esa conciencia desgarrada que no puede conciliar los contrarios..."[61];

3) desarraigo de un contexto cristiano donde el poeta se ve partícipe de la tensión disonante entre lo satánico y lo celestial;

4) noción ante la *Palabra:* tanto para Darío como para Huidobro el lenguaje poético devuelve el verbo a su origen;

5) intento de borrar las diferencias entre la prosa y el verso para poner en práctica una prosaización del verso y una poetización de la prosa. Por consiguiente, se intenta borrar las fronteras divisorias entre los géneros;

6) voluntad de reflexión teórica y crítica ante el lenguaje poético. Esto conlleva "una actitud de intelección de la producción artística que contrarresta el mito romántico del poeta enajenado, oracular, inconsciente intermediario de fuerzas sobrehumanas"[62].

Futurismo/Cubismo: coincidencias y diferencias

En su artículo, "El futurismo" (de su libro *Pasando y pasando*) Huidobro, de manera sumamente explícita, indicó el único postulado con el cual coincidía: "En lo único en que estoy de acuerdo con Marinetti es en la proclamación del verso libre" (p.699). Del mismo modo, sin embargo, hay un fervor anti-tradicional en la estética futurista que recoge no sólo Huidobro (en su obra poética y en sus escritos teóricos) sino que es patrimonio de todos los movimientos de vanguardia. No obstante, Marinetti quiso hacer creer que su movimiento futurista era el padre de todos los movimientos de vanguardia (incluyendo en esta lista al cubismo). Huidobro, por su parte, se dedicó, en sus escritos sobre el futurismo, a desenmascarar la inconsistencia ideológica y estética de tal movimiento. En su manifiesto, "Futurismo y Maquinismo" señala: "Los futuristas pretenden haber aportado todos los materiales para el arte y la poesía que hacemos y que hacen en todas partes los poetas modernos" (p.742). Marinetti se atreve afirmar que el creacionismo provenía del futurismo[63].

Para Huidobro el futurismo es "un arte de nuevo aspecto, pero nada fundamentalmente nuevo" (p.742). Es un arte cuyos más modernos poemas "son más viejos que los de Rimbaud, Mallarmé, Lautréamont, Saint-Pol-Roux" (p.743). Sobre el maquinismo y la llamada *estética de la máquina*, Huidobro critica acerbamente a los futuristas ya que éstos proclaman una nueva estética usando un lenguaje poético convencional y viejo. Huidobro afirma categóricamente: "Los poetas que creen que porque las máquinas son modernas también serán modernos al cantarlas, se equivocan absolutamente" (p.744). Huidobro no sólo se opone al uso de un lenguaje poético convencional para contar realidades nuevas sino a lo que tal estética de la máquina implica desde un punto de vista ideológico. Maurizio Calvesi la ha explicado en los siguientes términos:

> ...si spinge alle conseguenze piú drastiche, a particolari implicazioni che investono tutta un'aspirazione di vita. Non é infatti soltanto un mito moderno opposto ad un mito antico, un'idolatria neobarbarica dei nuovi strumenti di potenza e di velocitá creati dalla civiltá moderna... E una violenta ribellione all'equazione romantica uomo-natura[64].

El futurista buscaba desarraigarse de la naturaleza sustituyendo una poética que copiaba y rendía culto a la naturaleza por una poética que hacía lo propio con la "máquina". Sabemos, sin embargo, que la "máquina", y la era tecnológica que presagiaba, no hacía más que ayudar a deshumanizar al Hombre convirtiéndolo en mero dogma o enigma metafísico dentro de una celda cientificista. Huidobro, fiel a su estética, que era lo suficientemente flexible para englobar diversas ideologías propias de la vanguardia y anteriores a ésta, siguió sus propias enseñanzas e intuiciones poéticas sin caer en las redes de un movimiento específico. El no compartió el repudio a la ecuación romántica "hombre-naturaleza". Su proyecto de poética siempre fue más ambicioso. Fue un proyecto utópico y, a la larga, infructuoso: la reconquista de la palabra original.

Volviendo al enfoque romántico "hombre-naturaleza"[65], podemos afirmar que aunque en un manifiesto como "Non serviam" proclamara el poeta su independencia ante la naturaleza, tal proclamación no era un rompimiento violento o total con la naturaleza: "El poeta, en plena conciencia de su pasado y de su futuro, lanzaba al mundo la declaración de su independencia frente a la Naturaleza. Ya no quiere servirla más en calidad de esclavo" (p.715). El poeta reconoce que la naturaleza le dio "la más preciosa enseñanza" (Ibid.). A pesar de ello, sabe que ya no puede duplicarla o copiarla servilmente (como lo hicieron poetas anteriores a él) sino recrearla bajo un vigoroso activismo poético[66]. Huidobro proclama no un proceso poético pasivo sino una revisión, una remotivación de tal acto. Era esta su manera de liberarse de toda la tradición que le precedía. Como ha observado con suma agudeza Bloom, "what divides each poet from his Poetic Father (and so saves, by division) is an instance of creative revisionism"[67]. Este "revisionismo creativo" se filtra en el *Altazor* haciéndolo trnsmisor de la teoría-ideología creacionista que Huidobro elabora en sus manifiestos ya que a través del poema se busca revisar y/o remotivar los procesos y contextos poéticos que el poeta juzga pasivos, viejos, convencionales.

Huidobro, en este sentido, mostraba afinidades más próximas al cubismo. George Yúdice, por ejemplo, recalca esta afinidad señalando: "La noción de la autonomía del objeto artístico, por ejemplo, expuesta en *Pasando y pasando* y "Non serviam" coincide con muchas aserciones provenientes de la estética cubista, esparcidas en las páginas de *Nord-Sud* y dispuestas en forma de manifiesto en el primer ensayo del primer número, 'Quand le symbolisme fut mort...', de Paul Dermée"[68]. Apollinaire, al hablar sobre los pintores cubistas señalaba: "Cubism differs from the old schools of painting in that it aims, not at an art of imitation, but an art of conception, which tends to rise to the height of creation"[69]. El mensaje es obvio: no imitar sino conceptualizar, crear. Para Apollinaire, "each god creates in his own image, and so do painters. Only photographers manufacture duplicates of nature"[70]. Crear según su propia imagen es uno de los credos cubistas que Huidobro incorpora a su poética altazoriana. Tal credo, no obstante, adopta una verosimilitud cristiana (la noción de un Dios "creador") para explicar la realización artístico-estética que Huidobro, a través de su poeta-protagonista, rechaza de raíz.

Obviamente, hay una diferencia fundamental entre la conceptualización creacionista de los cubistas y la de Huidobro. Esta diferencia es de orden ideológico. Para HUidobro, el poeta (como Creador) sustituye al Dios "muerto", a ese Dios del cristianismo que se menciona en el primer Canto, por el Dios "vivo" de la poesía que percibe en su propio poetizar: "Y mientras los astros y las olas tengan algo que decir/ Será por mi boca que hablarán a los hombres.../ Lanzado sin piedad entre planetas y catástrofes/ Señor Dios si tú existes es a mí a quien lo debes" (p.394). Con ello, el poeta busca dos objetivos: por un lado, intenta desvincularse de todas las convenciones posibles (empezando por una de las más perseverantes, la del cristianismo) y, por el otro, quiere integrar los elementos de los posibles códigos convencionales y culturales que entrarán a la obra a un sistema estructural (mediante el desplazamiento sémico) que genere otro tipo de motivación del lenguaje (de naturaleza metonímica), como certeramente ha analizado Yúdice[71]. Los cubistas, por su parte, no intentaban desvincularse de la convencionalidad sino que, por el contrario, la usaban con frecuencia para parodiar y ridiculizar ciertos aspectos propios de tal convencionalidad. Aún así, puede legitimarse una equiparación entre la praxis poética revolucionaria que se pone de manifiesto en el poema de Huidobro con la praxis pictórica revolucionaria del arte cubista.

> Con sus propios recursos, los cubistas pudieron poner al descubierto la naturaleza codificada y convencional de los signos "motivados" (es decir, perspectiva, color local, chiaroscuro; en resumidas cuentas, todas las convenciones que hacen posible establecer una analogía entre la imagen y lo representado por ella). Sobre todo, los cubistas mostraron que podían motivar sus signos basándose en un orden no-analógico, no regido por las convenciones perceptivas del conocimiento... El cubismo, pues, como todo sistema semiótico, exhibe "una doble tendencia (complementaria) a naturalizar lo inmotivado y a intelectualizar lo motivado (es decir, a culturalizarlo)" al revelar la base analógica (convencional) de los signos motivados (supuestamente naturales) y al suministrar una base no-analógica (la "arquitectura" o estructura) que naturaliza lo inmotivado (las"distorsiones constructivistas")[72].

Ejemplos de este fenómeno cubista abundan en nuestro poema ya que, precisamente, se busca un orden no-analógico para explicitar todo un lenguaje poético "motivado". Al mismo tiempo, el contexto "motivado" encierra una naturaleza convencional que hace posible establecer nexos metafóricos o metonímicos entre la imagen y lo representado por ella, aunque los nexos violen y destruyan las expectativas culturales y literarias del lector (característica de la ideología de la ruptura). Un ejemplo del *Altazor* que podemos utilizar para ilustrar este punto es la imagen, "pastor de aeroplanos" (p.383). Esta imagen pone de relieve la praxis de la ruptura no sólo a nivel sémico sino también a nivel de la ideología cristiana que el poeta busca rechazar descodificándola. Lo que espera el lector es el contexto regido por la convención: "pastor de *ovejas*" (contexto desmotivado). El poeta procede entonces a buscar un orden no-analógico para la imagen: la analogía entre *ovejas/aeroplanos* es, prácticamente, inexistente ya que no hay ni semejanza ni contigüidad entre ambos vocablos. Al rupturarse el contexto desmotivado, no sólo se transforma un lenguaje altamente codificado sino también se articula el momento histórico (el siglo XX) en el cual se encuentra enjaulado el poeta. Al unísono, la ruptura del contexto desmotivado ha creado una nueva estructuración basada, precisamente, en la ideología de la ruptura que genera toda la obra. La imagen, "pastor de aeroplanos", corresponde a un determinado momento histórico ya que ilustra el choque de dos verosimilitudes: "pastor de ovejas" (verosimilitud cristiana basada en la imagen del Cristo redentor) y "pastor de aeroplanos" (verosimilitud mecanicista basada en la aparición de ese medio de transporte durante el siglo XX). El choque de estas verosimilitudes genera, a su vez, varios campos isotópicos que se oponen: lo antiguo/lo nuevo; lo natural/lo mecánico; el Dios "viejo" del cristianismo/el Dios "nuevo"-poeta. El protagonista lírico en el poema de Huidobro, por consiguiente, se parodia no sólo a causa de su inescapable historicidad sino también por el reconocimiento de las enseñanzas cristianas que han dejado su residuo en él.

Ahora bien, no debemos confundir la imagen, "pastor de aeroplanos", como signo de indicio infalible de la sobrevaloración de lo tecnológico (en contraposición a lo natural). Este es sólo uno de los múltiples planos que el poeta elige para rechazar y descodificar la convencionalidad. Ya hemos visto cuán emparentado sigue el poema huidobriano a una visión romántica no sólo de la amada sino también de la producción literaria. Recordemos que en el postulado número nueve del "Manifiesto del futurismo" de Marinetti ("Nous voulons glorifier la guerre- seule hygiene du monde,- le militarisme, le patriotisme, le geste destructeur des anarchistes, les belles Idées qui tuent, et le mépris de la femme"[73].) es, específicamente, la última frase de tal postulado la que Huidobro rechaza más que ninguna otra: "Le mépris de la femme". Toda la ideología estética huidobriana está diametralmente opuesta a esta proclama futurista. En su artículo, "El futurismo" declara: "Ahora eso de declararle la guerra a la mujer, aparte de ser una cobardía impropia de hombres tan vigorosos como los futuristas, es una gran ridiculez" (p.699). Contrario a la evocación y la representación de la mujer, dentro del futurismo, como una "máquina más", como un objeto destinado al desprecio, para Huidobro la mujer siempre fue la "Dadora de infinito".

El desprecio que Huidobro manifiesta hacia la mayor postura estética de los futuristas no excluye el hecho de que en sus poemas incorpore elementos futuristas. De hecho, otra noción futuristas importantísima que Huidobro incorpora a su poema (específicamente en el Canto VII) es la de "onomalengua" (*onomalangue*). Esta es una especie de verbalización abstracta (consúltese la proclama de Fortunato Depero de 1916 en la página 152 del libro de Lista). Bajo semejante perspectiva, Francesco Cangiullo escribió "composiciones fonéticas" que fueron declamadas en 1914. En 1915 se publica su "Canzone pirotecnica". La diferencia fundamental entre este tipo de composición fonética y la noción que iremos elaborando sobre el Canto VII del *Altazor* como "poema fónico" radica en el hecho de que el Canto VII no es una composición autónoma respecto al poema sino que viene siendo el resultado directo de la búsqueda poética altazoriana. Tal búsqueda, en efecto, va más allá de lo meramente léxico y/o sintáctico para exponer una ideología del acto poético/creador basada en la libertad y el individualismo absolutos. No obstante, la labor de rastrear, comparativamente, ejemplos literarios (como los de

Cangiullo) nos ayuda a estudiar la figura poética de Huidobro con mayor precisión respecto a su cercanía a, y su alejamiento de, los postulados estéticos de movimientos como el futurismo[74]. En el análisis final, no puede perderse de vista que los movimientos de vanguardia, de los cuales Huidobro sintetiza aspectos importantes y los funde a su obra, son transgresiones a la composición poética tradicional pero tomando, como punto de partida para la ansiada "innovación", esa misma poética[75]. En fin, la cosmovisión proyectada a través de la poiesis altazoriana está, como su poeta-protagonista luchando con sus contradicciones, llena de elementos en pugna, en tensión. Tales elementos permanecen en perpetua oscilación y oposición debido al choque y síntesis de las diversas ideologías operantes en el discurso[76].

NOTAS

[1]Jan Mukarovský, *The Word and Verbal Act* (New Haven: Yale University Press, 1977), p.72.

[2]Resulta altamente significativo que Huidobro, en una entrevista sostenida con Angel Cruchaga, afirmara este hecho. Véase, "Conversando con Vicente Huidobro", *El Mercurio*, 31 de agosto de 1919. Años más tarde, en 1925, cuando se publica su *Manifestes*, intenta presentar su estética creacionista como fenómeno literario absolutamente original negando la indudable evolución y contradiciendo sus declaraciones de 1919.

[3]Louis Althusser, "El conocimiento del arte y la ideología", en Adolfo Sánchez Vázquez, *Estética y marxismo* (México: Ediciones Era, 1975), p.320.

[4]*Ibid.*

[5]Cabe aclarar que en Huidobro hay un subjetivismo más intelectualizado. Hay una conciencia crítica ante el lenguaje mucho más aguda que la compartida por los románticos.

[6]Al llegar a este punto, resulta importante señalar que el poema guarda otra estrecha relación con la estética romántica: la de concebir a la poesía como vía de conocimiento, como videncia. La noción del "poeta vidente" se convierte en una constante poética que enmarca (limita, condiciona) no sólo las acciones (en el plano ficticio) del protagonista lírico sino también la ideología autorial con la que el creador salpica su obra y la hace llegar al mercado como producto estético.

[7]A través de todo este estudio manejamos la edición del *Altazor* incluida en las *Obras completas de Vicente Huidobro*, tomo I (Santiago: Editorial Andrés Bello, 1976), pp.381-437. Toda referencia al texto y a los manifiestos teóricos de Huidobro provienen de tal edición.

[8]Desde una perspectiva lacaniana, puede verse este momento de insatisfacción del "Yo" (dentro de su naturaleza ambivalente: Dios/hombre) como el momento en que termina el *estadio del espejo*, el momento del viraje del *yo* especular al *yo* social y empieza "la identificación con la *imago* del semejante.. Es este momento el que hace

volcarse decisivamente todo el saber humano en la mediatización por el deseo del otro... y hace del *yo* je ese aparato para el cual todo impulso de los instintos será un peligro, aun cuando respondiese a una maduración natural...", Jacques Lacan, *Escritos 1* (México: Siglo XXI Editores, 1978), 6ta. edición, p.16.

[9]Seguimos aquí a Sánchez Vázquez que en su "Sobre arte y sociedad", *Las ideas estéticas de Marx* (México: Ediciones Era, 1972), equipara los términos "creación" y "rebelión".

[10]Compárese esta evaluación con la articulada por Huidobro en dos de sus ensayos de *Vientos contrarios*. En "La confesión inconfesable" dice: "La poesía me ha prestado una enorme dosis de exaltación y me ha permitido cubrir la fealdad y el tedio cotidianos con un ropaje maravilloso. El análisis me ha convertido en un revolucionario de todos los conceptos y todos los prejuicios, de todos esos principios establecidos sobre la sola base de la hipocresía social. Todo espíritu analítico tiene que ser un rebelde..." (p.791). En "El héroe", examina más a fondo la visión poeta-héroe: "Condenado a ser un raro, un excepcional, el héroe no se deja imponer por el medio, sino que él se impone al medio. Sabiéndose excepcional, sabiéndose otra cosa que la multitud, se cree superior, se siente superior y sus actitudes dominadoras son naturales en él como su voz y como el gesto de sus ojos. Siempre en lucha con el enemigo. El enemigo del héroe son los demás... El héroe tiene forzosamente que ser un solitario, tiene que sentir el voluptuoso dolor de ser isla... El héroe construye los castillos de su vida, los destruye y los vuelve a construir. El fondo de su alma está en constante ebullición, en perpetuo movimiento, y es una ambición de subir... El héroe es un dios irrealizado, más bien es el concepto de Dios, nuestro anhelo de dios, nuestro deso de absoluto hecho carne..." (p.797).

[11]Respecto a los modos de producción de un texto, leemos en Terry Eagleton: "As a determinate product, the text naturally presses its own modes of producibility upon the recipient, and in this sense may be said to produce its own consumption- not that it dictates a single sense to the reader, but that it generates a field of possible readings which, within the conjuncture of the reader's ideological matrix and its own, is necessarily finite. The text, it can be claimed, produces its own reader, even if only to be misread. But the text's own proffered modes of producibility are naturally constructed by the ideological act of reading..." *Criticism and Ideology* (London: Verso Editions, 1978), p.167.

[12]Jaime Brihuega, *Manifiestos, proclamas, panfletos y textos doctrinales* (Madrid: Cátedra, 1979), p.73.

[13]En la "Introducción" a su libro, *Huidobro: los oficios de un poeta*, el profesor y crítico, René de Costa nos da una síntesis de lo que fue Huidobro como hombre y como poeta. Según él, Huidobro "utilizó su posición privilegiada de una manera poco ortodoxa: para fomentar el cambio. Inicialmente se contentó con luchar por una trnsformación de la sensibilidad estética, pero con el tiempo se hizo más militante y, como comunista, combatió también por las revoluciones sociales y políticas. Finalmente, desilusionado con los movimientos de masas, comenzó a abogar por una revolución total del individuo. Por eso se le consideró una especie de traidor: primero, a su deber; después al partido, y luego, incluso, a su poesía" *Huidobro: los oficios de un poeta* (México: Fondo de Cultura Económica, 1984), p.11.

[14]Pierre Bourdieu, "Campo intelectual y proyecto creador", *Problemas del estructuralismo* (México: Siglo XXI Editores, 1978), p.172.

[15]Roland Barthes, *El placer del texto* (Buenos Aires: Siglo XXI Argentina Editores, 1974), p.44.

[16]Consúltese el libro, *Literatura y sociedad* (Barcelona: Ediciones Martínez Roca, 1971).

[17]Precisa recordar aquí a Maria Corti quien nos habla de la literatura como campo de tensiones ("field of tensions"), "of centripetal and centrifugal forces produced in the dialectical relation between that which aspires to remain intact by inertia and that which advances with the force of rupture and transformation; where there is differentiation there is tension, therefore movement", *An Introduction to Literary Semiotics* (Bloomington: Indiana University Press, 1978), p.7.

[18]Para Bloom, *kenosis* es "a revisionary act in which an 'emptying' or 'ebbing' takes place *in relation to the precursor*. This 'emptying' is a liberating discontinuity, and makes possible a kind of poem that a simple repetition of the precursor's afflatus or godhood could not allow", *The Anxiety of Influence* (New York: Oxford University Press, 1973).

[19]Entre sus manifiestos, "Non serviam" es el más elocuente.

[20]Paz, *El arco y la lira* (México: Fondo de Cultura Económica, 1973), pp.84-85.

[21]Juan-Eduardo Cirlot, *Diccionario de sîmbolos* (Barcelona: Editorial Labor, 1969), p.427.

[22]Maire Jaanus Kurrick añade: "For man, the primal lack is the absent other subject. Man stands in an emptiness which provokes the creation of Eve", en *Literature and Negation* (New York: Columbia University Press, 1979), p.5.

[23]De la misma manera en que se "ausenta" físicamente la mujer. Su ausencia es una forma más alta de presencia. Como ha analizado Kurrick al referirse a la *Palabra*, "is a presence based on absences" (Kurrick, p.1).

[24]Marc Barbut, y otros, *Problemas del estructuralismo* (México: Siglo XXI Editores, 1978), p.47.

[25]Para trazar la relación entre la estética simbolista y el poema de Huidobro, hemos utilizado, como referencia fundamental, a Guy MIchaud, *La doctrine symboliste* (Paris: Librairie Nizet, 1947).

[26]Usamos el término "irracionalista" según lo explica Bousoño en su libro, *El irracionalismo poético (El sîmbolo)* (Madrid: Editorial Gredos, 1977). El uso del "irracionalismo" en la formulación de correspondencias nos lleva al frecuente uso de la sinestesia no sólo entre simbolistas sino en modernistas como Darío.

[27]Bousoño, *El irracionalismo...*, pp.146-147.

[28]Para la noción *pertinencia/impertinencia*, véase el libro de Jean Cohen, *Estructura del lenguaje poético* (Madrid: Editorial Gredos, 1977), específicamente el capítulo, "Nivel semántico: la predicación". Para Cohen (como para nosotros) "la poesía nace de la impertinencia" (p.133), y afirma: "La impertinencia es una violación del código de la palabra y se sitúa en el plano sintagmático; la metáfora es una violación del código de la lengua y se sitúa en el plano paradigmático" (p.113). Esto lo lleva a distinguir "dos grados en la metáfora y, correlativamente, dos grados de impertinencia" (p.128). Por último, Cohen considera la sinestesia como un ejemplo de impertinencia de segundo grado.

[29]Al leer este fragmento del *Altazor*, el lector, definitivamente, muestra señas de "asentimiento" ya que lee, en la larga serie de imágenes,

lo que no está allí, lo no-explícito. De tal forma, recibe percepciones de la realidad que sí viven en su memoria y/o experiencia. Sobre la noción de asentimiento del lector, consúltese a Bousoño, *Teoría de la expresión poética*, tomo II (Madrid: Editorial Gredos, 1970), pp.59 y ss.

[30]Bousoño, *El irracionalismo...*, p.141.

[31]Brihuega, *Op. cit.*, p.74.

[32]Bruns, *Modern Poetry and the Idea of Language* (New Haven: Yale University Press, 1974), pp.77-78.

[33]Recordemos que ya Huidobro en "Non serviam" y en su poema, "Arte poética" de *El espejo de agua*, se oponía a esta conceptualización simbolista de la naturaleza.

[34]Gordon A. Bigelow enlaza esta idea del poeta como Dios a dos líneas de pensamiento: "The first came from Kant's famous *Critique of Pure Reason* (1781) with its thesis that the mind, far from being the passive receptor of experience which Locke had presumed, is an active agent and imposes its own conditions... upon what it knows, and thus in a true sense participates in the creation of its world. The second line of thought involved the prevalent notion of organic process, variously expressed in metaphors of the seed, the unfolding leaf, the growing plant. And so Coleridge's favorite image of the poet's mind was of a growing plant, a plant which *grows into* its own conceptions", *The Poet's Third Eye* (New York: Philosophical Library, 1976), p.19. En este sentido, un antecedente importante en la poética altazoriana son los poemas iniciales de *Les Fleurs du Mal* de Baudelaire.

[35]Hauser, *Historia social de la literatura y del arte*, tomo 3 (Madrid: Ediciones Guadarrama, 1974), p.233.

[36]Esta afinidad se da en Huidobro desde muy joven. Consúltese "El arte del sugerimiento" de su libro, *Pasando y pasando (Obras completas...*, pp.691-693).

[37]Este poeta-atleta tiene que proclamarse bajo las banderas de lo nuevo ya que es un productor, un creador del mismo. Sabemos que, desde su principio, la noción "arte nuevo" se proyectó sobre cierta clase de

lectores-consumidores especializados. Es decir, se dirigió a un reducido grupo de iniciados convirtiéndose en un arte de y para minorías (compuesta de la intelectualidad burguesa). La contradicción socio-ideológica del poeta-protagonista (cuyo discurso es propiamente contradictorio) es la de proclamarse anti-burgués ("no soy burgués") y, al mismo tiempo, instalarse en una plataforma burguesa.

[38]Bruns, *Op. cit.*, p.117.

[39]Véase el artículo de Huidobro, "Rubén Darío", donde indica: "Los hombres de genio y de verdadero talento se ríen de las leyes fijas de la estética y de la retórica. Esas leyes son para el vulgo, para los que marchan en rebaño y al son del cencerro... La estética es sólo para la mediocridad..." (*Obras completas...*, p.858).

[40]Yurkievich, *Celebración del modernismo* (Barcelona: Tusquets Editor, 1976), pp.25-26.

[41]Paz, *Los hijos del limo* (Barcelona: Editorial Seix Barral, 1974), p.133.

[42]Juicio crítico respaldado, entre otros, por: Ivan A. Schulman, *El modernismo hispanoamericano* (Buenos Aires: Centro Editor de América Latina, 1969) y Noé Jitrik, *Las contradicciones del modernismo* (México: El Colegio de México, 1978). Nosotros vemos las "contradicciones" más a un nivel ideológico que a un nivel formal. Por ejemplo, el ansia de crear un mundo armónico se logra plenamente en Darío desde un punto de vista métrico y estrófico: hay sonoridad, musicalidad, eufonía, utilización de un mismo tipo de estrofa (en forma sistemática) en un mismo poema, notable ausencia de experimentación versolibrista dentro de un mismo poema, riqueza rítmica donde se intenta hacer corresponder sonidos y sentidos. Darío, aunque experimenta con una gran diversidad de metros y estrofas, rara vez los incorpora dentro de un mismo poema. Ahora bien, es a un nivel ideológico que con mayor fuerza chocan las contradicciones y las pugnas, para citar un ejemplo, entre el sentido aristócrata de la producción estética (compartida por modernistas como Darío) y la "mulatez intelectual" y la "chatura estética" (de las cuales se defienden los modernistas con las armas de la indiferencia).

[43]Angel Rama, *Rubén Darío y el modernismo* (Caracas: Ediciones de la Universidad Central, 1970), p.48.

[44]Consúltese al respecto el importante estudio de Francoise Perus, *Literatura y sociedad en América Latina* (México: Siglo XXI Editores, 1976).

[45]Para Angel Rama, "la disyuntiva dariana responde a una ideología, previamente asumida, que rige de modo subrepticio su creación. Determina que la esfera del arte alcanza su acrisolada pureza mediante la trasmutación de lo cotidiano y la amputación de sus impurezas" (*Op. cit.*, p.112).

[46]Usamos la edición de Antonio Oliver Belmás, *Cantos de vida y esperanza* (Salamanca: Ediciones Anaya, 1968), pp.34-35.

[47]En "El arte del sugerimiento", Huidobro destaca el clima de mediocridad en que vive su pueblo pero se muestra optimista en cuanto al futuro literario de su pueblo (p.691).

[48]Jitrik, *Las contradicciones...*, p.3.

[49]*Ibid.*

[50]Darío, *Los raros* (Buenos Aires: Espasa-Calpe, 1952), p.172.

[51]*Ibid.*, pp.11-12.

[52]Paz, *Los hijos del limo*, p.133.

[53]Darío, *Los raros*, p.189.

[54]Darío, *Cantos...*, p.38.

[55]Yurkievich, *Celebración...*, p.39.

[56]Este texto apareció en el *Tobogán* de Madrid (Agosto de 1924). Recopilado en Brihuega, *Manifiestos...*, pp.110-113.

[57]Consúltese a R. Poggioli, *The Theory of the Avant-garde* (New York: Icon Editions, 1971).

[58]La siguiente valoración de Paz respecto a la historia de la poesía moderna nos parece válida para confirmar las enmarcaciones ideológicas del extenso poema huidobriano: "El regreso al tiempo del principio, el tiempo anterior a la ruptura, entraña una ruptura. No hay más remedio que afirmar, por más sorprendente que parezca esta proposición, que sólo la modernidad puede realizar la operación de vuelta al principio original, porque sólo la edad moderna puede negarse a sí misma", *Los hijos del limo*, p.59.

[59]Yurkievich, *Celebración...*, p.14.

[60]*Ibid.*, p.30.

[61]*Ibid.*, p.37.

[62]*Ibid.*, p.48.

[63]Véase el artículo de Marinetti, "Idéologie du Futurisme et des mouvements qui en découlent" (1924), en Giovanni Lista, *Futurisme (Manifestes, Proclamations, Documents)* (Lausanne: L'Age d'Homme, 1973). Describe además, en tal artículo, al creacionismo como especie de futurismo francés obsesionado por lo abstracto y lo impreciso. Compárese esta descripción con la que Huidobro expone en su manifiesto, "El Creacionsimo".

[64]Calvesi, *Le due avanguardie*, vol. primo *(Studi sul futurismo)* (Bari: Editori Laterza, 1975), pp.158-159.

[65]Enfoque compartido, entre otros, por los románticos alemanes Schiller y Schelling, y por el norteamericano, Coleridge.

[66]Mireya Camurati, en su importante estudio, *Poesía y poética de Vicente Huidobro* (Buenos Aires: Fernando García Cambeiro, 1980), pp.156 y ss., considera que, con *Altazor*, Huidobro se propone cumplir su teoría creacionista y las dos bases de ésta son la creación del poema y la recreación del mundo.

[67]Bloom, *The Anxiety of Influence*, p.42.

[68]Yúdice, *Vicente Huidobro y la motivación del lenguaje* (Buenos Aires: Editorial Galerna, 1978), p.28.

[69]Guillaume Apollinaire, *The Cubist Painters (Aesthetic Meditations)* (New York: George Wittenborn, 1948), p.17.

[70]*Ibid.*, p.11.

[71]Para mayor intelección de lo expuesto, consúltese "Cubismo, poesía y la materialidad del lenguaje" en Yúdice, *Op. cit.*, pp.281-300. Ahora bien, el estudio fundamental sobre el "cubismo" en la obra de Huidobro es el de Estrella Busto Ogden, *El creacionismo de Vicente Huidobro en sus relaciones con la estética cubista* (Madrid: Editorial Playor, 1983). Allí Busto Ogden señala, entre otras cosas, que el proceso de destrucción-reconstrucción de la palabra poética en el contexto altazoriano es la técnica cubista llevada al plano verbal (pp.166 y ss.).

[72]Yúdice, pp.293-294.

[73]Lista, *Op. cit.*

[74]Huidobro muestra afinidades con gran parte de los postulados del "Manifiesto" de Marinetti. Básicamente, lo que se pretende lograr, ideológica y estéticamente, a través de ellos, es similar a la búsqueda de los románticos. Por ejemplo, los primeros tres postulados son modificaciones de un contexto romántico.

[75]Gloria Videla, en su análisis sobre el ultraísmo, al detallar los caracteres de la vanguardia, señala que la "intención creacionista explica el culto a la 'imagen creada' que se convierte en el fruto más deseado de la nueva lírica. Se persigue la imagen absoluta, con sustantividad propia, que ya no tiene por función comparar, transponer, adornar, sino sustantivar", *El ultraísmo* (Madrid: Editorial Gredos, 1971), p.96.

[76]Este fenómeno de la "coniunctio oppositorum" lo hemos relacionado (gráficamente) con las oscilaciones positivas-negativas de la curva evolutiva que traza la estructuración del poema (véase el siguiente capítulo).

II. MATEMÁTICA Y POESÍA: PROLEGÓMENOS A UNA TEORÍA ESTRUCTURAL

La estructuración de la ruptura como condicionamiento inherente al texto de vanguardia

Los términos "estructuración" y "ruptura" aparecen como planteamientos y proyecciones de lo teórico-creacionista en la práctica literaria de Huidobro. Como veremos, tanto la estructuración como la ruptura condicionan y articulan las leyes del universo poético altazoriano. Ambos términos son productos del proceso crítico que conlleva el lenguaje de la vanguardia hispanoamericana y del lenguaje poético de vanguardia como crítica y destrucción de todo lo que lleve el sello de lo convencional. De sobra sabemos que tal "destrucción", tal principio de inorganicidad de la obra poética, resulta tan sólo un mecanismo ideológico de la estética vanguardista para rechazar el legado poético del siglo XIX y principios del XX (basado en un principio organizador)[1]. Vicente Huidobro, como figura máxima de la vanguardia, en este sentido viene a representar al prototipo del "creador" cuyo acto poético se convierte en sinónimo de ruptura, rebelión, experimentación, liberación e invención de la palabra llevada al último confín de sus rupturas. *Altazor o el viaje en paracaídas* es, precisamente, la "summa" representativa de esta praxis.

Sería lógico suponer, por lo tanto, cuán importante es analizar la estructuración del mayor poema huidobriano más allá de su mera división en siete "Cantos" y destacar, por consiguiente, la dinámica y complejidad de las estructuras que causan semejante ruptura en el interior del discurso poético altazoriano. La estructuración de la ruptura en el poema, por su parte, revela, ideológica y simbólicamente, otra motivación que, a primera vista, podría ser interpretada por algunos como método que se dirige en sentido contrario a la praxis "experimental" que el poema postula. Esta es: el intento del protagonista poemático de regresar a un *tiempo* y a un *lenguaje del principio* anteriores al momento de la ruptura, un "momento" anterior a todos: un "infinito" temporal, lingüístico, espacial. Comprobaremos, a continuación, que ambas motivaciones forman parte de un mismo eje estructural, de una misma cosmovisión.

A propósito de la tradición de la ruptura, y de la reestructuración o vuelta al principio que lleva implícita, Barthes, con su acostumbrada elocuencia, afirma:

> En primer lugar el texto liquida todo meta-lenguaje y es por esto que es texto: ninguna voz (Ciencia, Causa, Institución) está detrás de lo que él dice. Seguidamente, el texto destruye hasta el fin, *hasta la contradicción*, su propia categoría discursiva, su referencia socio-lingüística (su "género"): es "lo cómico que no hace reír", la ironía que no sujeta, el júbilo sin alma, sin mística (Sarduy), la cita sin comillas. Por último, el texto puede, si lodesea, atacar las estructuras canónicas de la lengua misma (Sollers): el léxico (exuberantes neologismos, palabras-multiplicadoras, transliteraciones), la sintaxis (no más célula lógica ni frase). Se trata, por trasmutación (y no solamente por transformación), de hacer aparecer un nuevo estado filosofal de la materia del lenguaje; este estado insólito, este metal incandescente fuera del origen y de la comunicación es entonces *parte del* lenguaje y no *un* lenguaje, aunque fuese excéntrico, doblado, ironizado[2].

Convencionalidad y ruptura de lo poético

Ha sido Jonathan Culler, entre las voces críticas de mayor envergadura, quien ha señalado una y otra vez el carácter convencional de la poesía. Para él, escribir un poema "brings into play a new set of conventions determining how the sequence is to be read and what kind of interpretation may be derived from it"[3]. El lector del texto poético usa una *estrategia de lectura* bajo la cual no sólo busca "naturalizar" las posibles desviaciones semánticas del texto sino que busca, en todos los aspectos formales del mismo (organización tipográfica y patrones rítmicos, métricos y sintácticos) las claves poéticamente convencionales del mismo. Al unísono, si pensáramos (como Gerard Genette) que la esencia de la poesía no es el artificio verbal usado en el texto sino, más bien, el tipo (o actitud) de lectura que el texto impone a sus lectores[4], nos veríamos obligados a añadir que semejante proceso de lectura está condicionado tanto por el particularísimo planteamiento verbal del texto como por las convenciones que motivan la naturalización de semejante planteamiento.

Para Culler, otra de las convenciones de la poesía lírica que entra en el proceso de interpretación del texto poético es el uso de *deícticos* ("shifters")[5]. De hecho, si comenzáramos a trazar el uso de deícticos en el poema de Huidobro (análisis que por razones de tiempo y espacio no haremos en su totalidad aquí) nos daríamos cuenta de la presencia del pronombre personal "Yo" como deíctico de indudable importancia y efectividad en el poema:

"Soy yo Altazor el doble de mí mismo/ El que se mira obrar y se ríe del otro frente a frente" (p.387); "Yo estoy aquí de pie entre vosotros" (p.389); "Soy todo el hombre/ El hombre herido por quién sabe quién" (p.392). En este caso, Huidobro se nos presenta como continuador de una larga tradición poética.

> A whole poetic tradition uses spatial, temporal and personal deictics in order to force the reader to constrcut a meditative persona. The poem is presented as the discourse of a speaker who, at the moment of speaking, stands before a particular scene, but even if this apparent claim was biographically true it is absorbed and transformed by poetic convention so as to permit a certain kind of thematic development[6].

No obstante, como el propio Culler indica en su estudio, en la poesía contemporánea, "play with personal pronouns and obscure deictic references which prevent the reader from constructing a coherent enunciative act is one of the principal ways of questioning the ordered world which the ordinary communicative circuit assumes"[7]. Este juego a escondidas con el lector, este deliberado, pero necesario, desafío a la "competencia literaria" del lector y de su búsqueda de enunciados coherentes y lógicos, aparece en nuestro poema, para citar un ejemplo, en los "posibles" diálogos entre el Creador y el poeta-protagonista en el Canto I. Resulta difícil determinar quién es el hablante (¿el poeta?; ¿el Creador?; ¿ambos?; ¿la conciencia del protagonista?) porque, obviamente, se están utilizando los pronombres personales ("yo"; "tú") para obstruir toda noción de un circuito comunicativo sin ambigüedades. En vez de ayudar a aclarar las ambigüedades del discurso, los pronombres no hacen sino intensificar la ambigüedad. En este caso particular, los deícticos no pueden usarse exclusivamente como puntos de referencia hacia la búsqueda de sentido en el texto. La propia clave que nos ofrece el poeta-protagonista, "Soy yo Altazor el doble de mí mismo", nos deja también sin posibilidades de precisar quién es el hablante: ¿es Altazor o es el "otro"?

Ante la pluralidad de identidades que exhibe la "persona" poética altazoriana, sólo nos resta concluir que este es el verdadero propósito del discurso. Al construirse sectores semánticos en que se funden muchos lexemas, se puede comprobar que el "sujeto es un vacío que se llena mediante sus relaciones con los otros"[8]. El sujeto de la enunciación se desdobla en varios deícticos (en pronombres personales: *yo*; *tú*; y en nombres: *Altazor*, *Vicente Huidobro*, *Hombre*, *Poeta*, *Mago*, *Creador*). Esta ruptura respecto a la noción de un sólo hablante en un determinado poema obliga al lector a continuar destacando relaciones semánticas valederas para cada deíctico presentado en el texto. Tal factor, por supuesto, remotiva las leyes discursivas del texto poético al instalar una multiplicidad de "voces" donde, por regla general, suele encontrarse una entidad unívoca. En otros casos, el final del Canto V es un ejemplo, los deícticos, en su función de indicadores espaciales y temporales, sirven como puntos de referencia para descifrar el sentido del texto. Citamos, a continuación, un fragmento para que el lector pueda apreciar que la fuidez de movimiento en las acciones queda determinada por el uso de los deícticos:

> Arco iris arco de las cejas en mi cielo arqueológico
> Bajo el área del arco se esconde el arca de tesoros preciosos
> Y la flor montada como un reloj
> Con el engranaje perfecto de sus pétalos
> Ahora que un caballo empieza a subir galopando por el arco iris
> Ahora la mirada descarga los ojos demasiado llenos
> En el instante en que huyen los ocasos a través de las llanuras
> El cielo está esperando un aeroplano
> Y yo oigo la risa de los muertos debajo de la tierra (pp.431-432)

En cuanto a otras convenciones poéticas que se continúan en el *Altazor* (ejemplo de ello es el uso de mayúsculas a principio de cada verso) cabe señalar que, al mismo tiempo, se rupturan varias de estas convenciones. Por ejemplo, se intercala prosa poética a un poema lírico; se usa el verso libre junto a elementos rigurosamente tradicionales como la rima y la estrofa (obsérvese, en este sentido, el uso del pareado en el Canto III); se utiliza la intertextualidad tanto para intensificar un contexto como para rupturarlo (en este caso, la técnica más usada es la parodia). Por otro lado, desde el "Prefacio", Huidobro, a través del poeta-protagonista, articula su oposición respecto a los poemas rígidamente estructurados como el soneto[9]. Cabría añadir que, para Huidobro, la importancia de tales fórmulas métricas y rítmicas radicaba en la posibilidad de parodia e irreverencia que él pudiera expresar a través de ellas. De tal, Huidobro (como emisor del mensaje poético) destacaba su postura ideológica de rechazo respecto a lo considerado por él estado inoperante y caduco de fórmulas "tradicionales" anquilosadas.

Si para el poeta-protagonista, "Un poema es una cosa que será./ Un poema es una cosa que nunca es, pero que debiera ser./ Un poema es una cosa que nunca ha sido, que nunca podrá ser" (p.382), resulta sumamente obvio que el poeta-protagonista, como el autor, va en busca de la expresión de ese poema que *no es*. El Canto VII vuene, de tal manera, a representar y a cristalizarse como el poema anterior a las limitaciones que le impuso el lenguaje. Huidobro, en su "Carta a Pablo de Rokha", explicita el carácter de esta limitación:

> No sólo el Creacionismo, sino todo el arte es limitación, porque como decía Nietzsche "el artista es el que danza entre cadenas" y cada frase, cada verso significa una selección, el sacrificio consciente o inconsciente de otros elementos que se nos presentaran al cerebro, y por eso rechazamos, dando preferencia a los que dejamos: luego, una limitación[10].

La ruptura de códigos lingüísticos

Era de esperarse, por lo tanto, que en el *Altazor* Huidobro intentara un ensayo de "poema" anterior a las limitaciones que le impuso el lenguaje, un poema provisto de un *lenguaje del principio*. He aquí lo radical de la tentativa altazoriana y la base de una escritura nunca antes ensayada en la poesía en lengua española. Al rupturarse códigos lingüísticos, el poema se nos revela como un proceso crítico y totalizador en cuyo "corpus" se formula una interpretación de la naturaleza creativa y primigenia del lenguaje. Sin embargo, una gran parte de la crítica dedicada a la obra huidobriana, especialmente del poema que estudiamos, se ha mostrado insensible y/o intransigente respecto a las múltiples posibilidades de interpretación a las cuales puede someterse el poema[11]. En focan, en la mayoría de los casos, un sólo aspecto del proceso poético llevado a cabo: la del derrotero y destrucción de lo propiamente poético, o ven el experimento poético de Huidobro como simple juego. Conjugan, por añadidura, esta visión destructiva a la ruptura lingüística que se opera en el Canto VII.

El Canto VII, sin embargo, es sólo la culminación del proceso de ruptura que se experimenta a través de la obra: no está allí (al final de la obra que, significativamente, también podría considerarse como su "principio") por mero azar o por capricho del autor. De hecho, la ruptura casi absoluta que expone el Canto VII no puede verse sino en directa relación al proceso gradual de rupturas (a un nivel lingüístico) que va generando el poema[12]. No obstante, no puede perderse de vista que la ruptura se lleva a cabo respecto a algo "organizado". El poeta ha estructurado esta ruptura y, como tal, engloba un contenido ideológico de indudable valor.

Es fácil comprobar que esta poesía transforma las palabras de todos los días en un acto de comunicación que exige una contemplación dinámica ante la lengua y ante el mundo en que transcurre. El poeta se ve en el deber de buscar esas "tierras irrealizables más allá de los cielos" (p.397) o, por ejemplo, todo "lo que se esconde en las frías regiones de lo invisible" (p.391). El proceso de poetización, desde esta perspectiva, busca metaforizarse en sonido original, primigenio (Canto VII): utopía de especulación lingüística donde el ente lírico no tendría que experimentar las limitaciones utilitario-objetivistas del lenguaje que hablamos. Por otro lado, la primera palabra y la última palabra del poeta se resuelven (y se disuelven) en un "nacer" y un "morir": un desfallecer místico que el poeta experimenta al alcanzar el "infinito" anhelado. ¿Acaso no muestra esta idea cierto paralelismo al famoso "Vivo sin vivir en mí" de Santa Teresa de Jesús? Lo que sucede en el poema altazoriano es que la "mirada mística" del poeta se ha transformado en "mirada asceta" que no está dirigida hacia Dios (ya que Altazor es una representación antagónica de éste, un anti-Dios) sino hacia el lenguaje, hacia el magma larval de lo poético donde ha de recuperar, en sentido épico, el paraíso perdido de la palabra original[13]. Como veníamos señalando, en el *Altazor*, todo empieza en el *Naci* del "Prefacio" y termina en el "Ai a i ai a iiii o ia" del Canto VII: su equivalente. Dicho de otro modo, tanto la creación biológica como la poética se desarrollan en el mismo escenario: el mundo. La poesía, sin embargo, no sólo refleja la esencia del Ser sino también su esencial vacuidad. La creación biológica, aunque maravillosa, nos lanza a una materialización del mundo que sólo puede ser temporera: tiempo biológico compuesto de infinitas instancias circulares trazando una trayectoria en línea recta que culmina en la muerte. Los cuerpos de la poesía, al contrario, permanecen en constante y polivalente gestación: sublimación de una vigilia por dentro que viaja, desde el interior del ente que la articula, hasta el interior del discurso. Su materialización es de orden espiritual: el tiempo no existe. Tanto el poeta como el lector participan de (y pertenecen a) esta "doble interioridad perpetua": constante rehacerse y deshacerse, metamorfosis que observa las mutaciones de la naturaleza y de su propia hibridez poética[14]. Altazor, desde su paracaídas, busca la "aventura de la lengua entre dos naufragios" (p.408). Esos naufragios son los imanes de la vida y de la muerte. El poeta, no obstante, con la única arma ideológica verdaderamente a su alcance (la palabra), traza una trayectoria que cubre todos los espacios y todas las edades. Tal trayectoria es un viaje al interior de sí mismo porque el poeta, en última instancia, se sumerge en la naturaleza para volver a *ser*. Paz demuestra tener razón cuando afirma: "basta comparar los cuadros de los pintores abstraccionistas con las imágenes que nos entregan los microscopios y los telescopios para darnos cuenta de que no podemos salir de la naturaleza"[15]. En el caso de Altazor, el poeta es naturaleza cósmica y, por ello, comprende el punto de enlace entre lo visible y lo invisible. Desde allí, lo perpetuo silencioso empieza a surgir y a revelarse en todo su esplendor. La poesía, en su gestación verbal, busca lo anterior a la vida y a las distancias. En el mundo altazoriano, el lenguaje (como el poeta) se busca a sí mismo.

De la misma manera, Huidobro, en uno de sus postulados teóricos más esclarecedores, nos dijo algo similar a lo expuesto anteriormente por Paz.

> Ya que el hombre pertenece a la Naturaleza y no puede evadirse de ella, debe obtener de ella la esencia de sus creaciones. Tendremos pues, que considerar las relaciones que hay entre el mundo objetivo y el Yo, el mundo subjetivo del artista[16].

Con estas palabras, Huidobro nos demuestra la madurez de su criterio en torno a la estética creacionista. Los estudiosos de la obra huidobriana de sobra saben que en los manifiestos posteriores del poeta chileno, éste se afana por proclamar la ruptura total del artista con la naturaleza en el momento de creación. Aquí, ciertamente, nos ofrece un criterio más moderado.

Reconoce que el artista debe conocer a la naturaleza en todas sus dimensiones posibles. Sólo así podrá extraer de ella lo esencial. Para lograr esto (Huidobro está consciente de ello), hay que someter al mundo objetivo a un *proceso de desconceptualización*. Cabe señalar que preferimos este término al usado por la Dra. Ana Pizarro en su excelente ensayo, "La práctica huidobriana, una práctica ambivalente". En tal ensayo, la Dra. Pizarro se refiere a la práctica creacionista describiéndola como un "proceso de abstracción"[17]. El solo hecho de considerar abstracta a una obra poética debe inquietarnos ya que no hace más que limitar el alcance poético de tal obra sometiéndola a un proceso (de lectura y de exégesis) que le otorga poca o ninguna verosimilitud a la entidad lírica. En el poema de Huidobro se busca, por otra parte, describir todas las peripecias de la entidad lírica: Altazor. En este sentido, la teoría creacionista de sus manifiestos se va suprimiendo en esta obra. Impera el criterio estético anteriormente señalado, el expuesto por Huidobro en "La creación pura". Esto se debe, en parte, a la presencia de elementos anecdóticos en el poema.

> En "Altazor" el abandono del estilo creacionista es un proceso cuya primera etapa se hace notar en los Cantos I, II y III, y en parte de los cantos IV y V. Hasta en esta primera etapa el poeta utiliza un estilo discursivo muy distinto del de sus poemas creacionistas de los que procuraba desterrar lo "anecdótico". Alude directamente a sus sentimientos[18].

No obstante la supresión de ese creacionismo puro, el

caudal profético y expresivo de cada canto cobra fuerza y nos lleva a la plena realización de la anécdota central: ese "Yo" poético que se transforma a través del poema en múltiples identidades. De esta forma, el poema es la transformación del vaticinio en alarido y el ansia por cristalizar la experiencia de comunicar lo incomunicable a través de un lenguaje de signos, de una fonética astral. Si negamos tal realización y consideramos tan sólo las posibilidades existencialistas del poeta-protagonista como paradigma del hombre moderno cabalgando hacia su muerte sin virtud de escapatoria, cuando, en realidad, Altazor intenta trazar una "fuga interminable" (léase, "poesía absoluta"), no hacemos más que sugerir que la escritura poética desemboca, irremediablemente, en su propia destrucción. ¿Qué o quién nos evita considerar este fin (el Canto VII) como la representación del "nacer" mismo de la poesía? Bien mirado, el Canto VII es, gráficamente, la representación del punto de partida de toda comunicación poética. El Canto VII es, desde tal perspectiva, la fuente originaria de comunicación en el poema: es una "semiosis ilimitada". Michael Riffaterre, al hablar sobre este tipo de comunicación, señala: "In the reader's mind it means a continual recommencing, an indecisiveness resolved one moment and lost the next with each reliving of revealed significance, and this it is that makes the poem endlessly rereadable and fascinating"[19].

Para el poeta-protagonista, el Canto VII simboliza y representa su liberación de las fuerzas (sociales, religiosas, estéticas) que querían empujarlo al abismo, al sepulcro abierto, a la "Caída". Seguramente, por ello, el poeta no puede aceptar la idea de la destrucción de la poesía como fin último. La poesía no puede destruir los medios que son su propia razón de ser. *Altazor* teje, a lo largo de su desarrollo, una red de significaciones individualizadoras, y hasta contradictorias, mas no, por eso, pierde su hilo comunicativo. El poema demuestra la imposibilidad del lenguaje en expresar las experiencias más profundas y reveladoras del lenguaje poético. Tales experiencias van pasando, en el poema, por grados o niveles cada vez mayores de "enrarecimiento" de lo propiamente sintáctico y semántico. Una motivación las guía: trascender toda entidad lingüística reconocible. Con ello, el poema, aunque enmarcado dentro de la tradición mítica del "eterno retorno", proyecta su retorno dentro de dos vertientes paralelas y simultáneas: *lenguaje del principio/finalidad del lenguaje*.

La ruptura de códigos religiosos

Nos parece altamente significativo que el rechazo del poeta-protagonista respecto al cristianismo aparezca desde el comienzo de la obra: "Nací a los treinta y tres años, el día de la muerte de Cristo" (p.381). Este rechazo llega inmediatamente a un nivel crítico en el Canto I cuando el poeta-protagonista proclama: "Abrí los ojos en el siglo/ En que moría el cristianismo/ Retorcido en su cruz agonizante/ Ya va a dar el último suspiro" (p.386). Ahora bien, es en el mismo "Prefacio" donde el hablante (el poeta-protagonista) se refiere al Creador (Dios) como un "simple hueco en el vacío, hermoso como un ombligo" (p.381). El tono del discurso es paródico y burlón. Por ello, al conceptualizarse al Creador como entidad paródica, su "discurso" también se convierte en parodia. En este caso, el discurso del Creador es una parodia del Génesis, de la creación del mundo y, a la vez, es uno de los ejemplos fundamentales de la deslectura intertextual que pone en práctica el autor a través de la obra:

> "Hice un gran ruido y este ruido formó el océano y las olas del océano.
> "Este ruido irá siempre pegado a las olas del mar y las olas del mar irán siempre pegadas a él, como los sellos en las tarjetas postales.
> "Después tejí un largo bramante de rayos luminosos para coser los días uno a uno; los días que tienen un oriente legítimo y reconstituido, pero indiscutible. (p.381)

Nótese que al poeta-protagonista le interesa hacer comparaciones o, más bien, contrastes entre lo primigenio-puro que conlleva toda alusión al Génesis y a los procesos mecanizados e industrializados del siglo XX: "los sellos en las tarjetas postales"; el oriente que es "legítimo" (equiparado, en tal sentido, al concepto genesíaco) y "reconstituido" (imagen que nace, precisamente, de una concepción mecanizada del mundo). Desde este momento en el poema, empezamos a observar la red de contradicciones que genera el mismo. Otro ejemplo salta a la vista. Aún en el "Prefacio", ese Dios que articula un discurso paródico nos dice al mismo tiempo: "Creé la lengua de la boca que los hombres desviaron de su rol, haciéndola aprender a hablar..., a ella, ella, la bella nadadora, desviada para siempre de su rol acuático y puramente acariciador" (p.382). El Creador destaca la función anti-utilitaria de la lengua (no era, en un principio, un mecanismo de comunicación como lo conocemos hoy día; fue el Hombre quien la transformó). La lengua, en un principio, fue "lengua" y nada más. El Creador, que bebe coñac, también es capaz de articular un discurso que exprese su *nostalgia del paraíso perdido* al ser testigo del cambio de la "lengua que acaricia" a la "lengua que habla". El Creador considera tal cambio como una evolución negativa ya que juzga "el rol acariciador" de la lengua como algo más puro e inocente que "el habla" de la lengua[20].

La Virgen "sin mancha de tinta humana" (p.382) también es presentada bajo una pespectiva paródica-contradictoria. Las manos de la Virgen son "transparentes como las bombillas eléctricas"; sus venas son "los filamentos de donde corre la sangre de mi luz intacta". La Virgen le enseñará al poeta-protagonista "proezas aéreas" (ya que también es un símbolo arquetípico femenino en su función de guía del poeta, como la "Beatriz" en el gran poema dantesco). Las miradas de la Virgen son "un alambre en el horizonte para el descanso de las golondrinas". Al mismo tiempo, es la Virgen que siente "tanta necesidad de ternura", y la Virgen "sin mancha" que, al fin y al cabo, nos hace recordar el código cultural-religioso de la "Virgen pura" y, al unísono, se nos convierte en un paradigma idealizado del acto de escribir ya que ese "sin mancha de tinta humana" alude, metonímicamente, a un espacio y a una entidad "más allá" que el poeta, con su "tinta humana" jamás podría alcanzar (y, con ello, "manchar" semejante "absoluto").Las figuras de la Virgen y del Creador, instaladas dentro de un contexto cristiano verosímil, sufren también un proceso de desmi(s)tificación en manos del poeta-protagonista. En gran medida, son el blanco de las injurias del poeta, de ese ángel expatriado que se piensa destinado a la "caída". La Virgen y el Creador son, a fin de cuentas, víctimas de su inescapable historicidad: Génesis versus siglo XX; pureza (inocencia, naturaleza, fe) versus impureza (pecado, progreso, falta de fe).

El propio Altazor-poeta nos da la impresión, inicialmente, de ser una entidad paródica porque parodia sus experiencias: "nací en el Equinoccio, bajo las hortensias y los aeroplanos del calor. Tenía yo un profundo mirar de pichón, de túnel y de automóvil sentimental. Lanzaba suspiros de acróbata" (p.381).

Sin embargo, dentro del mismo "Prefacio" Altazor se convierte en creador, en una nueva versión del mito de Orfeo: "De cada gota del sudor de mi frente hice nacer astros, que os dejo la tarea de bautizar como a botellas de vino". Esta afirmación está íntimamente ligada a la concepción del poeta-creador cuyo esfuerzo y afán de depuración poéticos ("sudor de mi frente") entran en el proceso creador ("hice nacer astros"). Altazor también es el "profeta": "Lo veo todo, tengo mi cerebro forjado en lenguas de profeta" (p.383). Aun bajo el residuo paródico que recorre por el "Prefacio" del *Altazor*, permanece en él la nota romántica del poeta que se ve a sí mismo como profeta, como predestinado. Resulta obvio que el poeta-protagonista, la Virgen y el Creador son "personas" poéticas que gravitan en un espcio de contradicciones. Este hecho, tan funamental a la estructura del poema, genera un campo de tensión y de ruptura a lo largo del mismo ya que todas las acciones están orientadas por la trayectoria de un protagonista que lucha, dentro de un universo contradictorio, con sus propias contradicciones.

Es importante señalar que el poeta-protagonista, al mismo tiempo que niega y rechaza sus ataduras cristianas, se proclama el nuevo Dios: "Estoy solo parado en la punta del año que agoniza/ El universo se rompe en olas a mis pies" (p.387); "Eres tú tú el ángel caído/ La caída eterna sobre la muerte" (p.390); "Soy el ángel salvaje que cayó una mañana/ En vuestras plantaciones de preceptos" (p.393); "Y mientras los astros y las olas tengan algo que decir/ Será por mi boca que hablarán a los hombres" (p.394); "Abrid la boca para recibir la hostia de la palabra herida/ La hostia angustiada y ardiente que me nace no se sabe dónde/ Que viene de más lejos que mi pecho" (p.397).

Los versos que hemos citado revelan que el poeta-protagonista es un Dios doloroso, consciente de los límites que el rodean y de la fuerza de gravitación del sepulcro abierto. El propósito del poeta-protagonista será entonces buscar los medios para trascender esos límites que intentan mantenerlo atado a su realidad histórica, social, cultural y religiosa[21]. Altazor, de hecho, se excomulga voluntariamente de la jerarquía monoteísta cristiana diciendo: "Adiós hay que decir adiós/ Adiós hay que decir a Dios" (p.414). La sublimación interna que conlleva esta excomulgación voluntaria, aunque se desliga de las codificaciones ético-morales insertas en nuestro diario sistema de valores, forma parte de un escenario (código), tanto vivencial (histórico) como discursivo (poético), de sobra reconocido y naturalizado por el hablante lírico, que necesita ser superado. Semejante "superación" es rasgo esencial de la praxis transgresora inserta en la poética altazoriana.

> En efecto, la catástrofe que origina el tono patético del poetizar de Huidobro es la experiencia de las ruinas del cristianismo. Como tantos contemporáneos suyos, Huidobro se conecta aquí con Nietzsche y su dictum definitivo "dios ha muerto". ¡Conexión, desde luego, no directa, sino fruto de cierta comunidad espiritual![22]

Con todo esto, el poeta-protagonista quiere sugerirnos que las leyes de la poesía no conocen fronteras ya que, aunque están condicionadas por, no deben subordinarse a las conceptualizaciones limitantes y represivas de los actos humanos. Su verdad es irreductible y descubrirla es internarse en un destello de ondas que no tienen medida ni tiempo porque superan todo concepto de linealidad. Tal vez por ello, en la búsqueda de Altazor, se logran derribar las fronteras que existen entre el mundo natural y el Hombre para llegar a ese "infinito" de la expresión poética. Altazor (como poeta-protagonista) nos demuestra que esta es la máxima experiencia de la poesía: ser testigo de su nacimiento y llevar a acbo un proceso de auto-descubrimiento en cada uno de sus versos.

No es difícil, por añadidura, empezar a comprender por qué el poeta se resiste a formar parte de las instituciones socialmente represivas y busca la autonomía de no llamarse Vicente Huidobro: "Justicia, qué has hecho de mí Vicente Huidobro?" (p.389). Más adelante nos dice: "Me duelen los pies como ríos de piedra/ ¿Qué has hecho de mis pies?/ ¿Qué has hecho de esta bestia universal/ De este animal errante?" (p.390). Paz describe esta rebeldía como "recurso de sublimación (cultura) por una parte y, por la otra, posibilidad de irrigar la cultura con la espontaneidad (creación) y esa limitada autonomía se llama: libertad"[23]. El poeta quiere sentirse "creador" y su mayor deseo es participar en la creación bajo un ámbito de entera libertad.

Los peligros inherentes a esta libertad son la soledad y el silencio: el poeta quiere hablar pero su diálogo se enfrenta a la visión desolada del mundo. El poeta hablará, en resumidas cuentas, con su soledad y su silencio transformando constantemente los signos de la "lengua" (como desobediente "ángel expatriado") para llegar a la trascendencia absoluta: el Canto VII. Su voz será el poema. La materialización de lo invisible, pero presente, radicará en el grado mayor o menor de energía que sus palabras irradien dentro de la polivalencia de los planos sintáctico-semántico-ideológicos del extenso poema:

> Hablo porque soy protesta insulto y mueca de dolor
> Sólo creo en los climas de la pasión
> Sólo deben hablar los que tienen el corazón clarividente
> La lengua a alta frecuencia
> Buzos de la verdad y la mentira (p.396)

Nociones en torno al "infinito"

A. *La teoría aristotélica*

Tomando, como punto de partida, todo lo anteriormente señalado, podemos afirmar que la tentativa altazoriana de "acercarse al infinito" mediante la palabra poética viene precedida de una larga tradición tanto filosófica como matemática. Semejante razonamiento nos ha llevado a ensayar un enfoque crítico-teórico que use ambas disciplinas para formular nuestra "lectura" de la estructuración del poema.

En primer lugar, la noción de "infinito", desde una perspectiva filosófica, se remonta a la antigua Grecia. Allí, por ejemplo, Aristóteles desarrolló su teoría del infinito. Esta teoría puede apreciarse en el Libro III, capítulos 4-8 de la *Physica* y el Libro I, capítulos 5-7 del *De caelo*. Señalemos algunos de los más importantes postulados de su teoría ya que ayudarán a iluminar nuestro propio análisis del infinito según se proyecta en el poema de Huidobro. Bajo la teoría aristotélica:

> "I. (a) 'Infinite' is obviously used with reference to magnitude and number...
> II. (b) 3. Change is from contrary to contrary, and the sole existence of a single quality would make change impossible...
> II. (d) 2. The motions up and down are determinate...
> II. (d) 4. The actual motion of bodies depends on the situation in which they find themselves and the factors involved (e.g., the medium)."[24]

Más adelante, Abraham Edel nos expone una interpretación

más tangible de la teoría aristotélica al señalar:

> Infinity, therefore, is not a quality of anything, nor a quantity, but having reference to a process, is a potentiality of the thing... for instance to call the line infinite (in some respect) is to exhibit its character as rendering possible the process of division and the actual divisions. This potentiality *is* its infinity, and since it is related to the actuality as matter is to form, the character of infinity in the line is the matter of the actuality[25].

O sea, es el "modo" de actualizarse una cosa, objeto o noción lo que los hace potencialmente infinitos. Esta concepción aristotélica se ajusta sorpresivamente bien al modo de actualizarse y potencializarse en expresión de lo infinito el lenguaje poético altazoriano ya que éste también se relaciona a otra premisa aristotélica igualmente válida: el infinito (en el *Altazor*, el Canto VII) es una característica de lo determinado (Prefacio y Cantos I-VI). He aquí una interesante y profunda paradoja que sirve para iluminar el tejido contrapuntal que el poema exhibe en su estructura. Al mantener una zona incesante de tensión entre las polaridades (estructuras contrapuntísticas), el poema genera una "continuidad" que es esencial a la consiguiente transformación de lo determinado en infinito. De tal manera, se deduce que no existe "infinito" sin cambio y tal cambio se origina entre elementos en oposición, entre elementos cuya carga psíquica oscila entre valores positivos y negativos.

B. *El "infinito" y Santo Tomás de Aquino*

Santo Tomás de Aquino, en su *Summa Theologica*, expone, por su parte, una serie de objecciones a la teoría aristotélica del infinito. La primera de estas objecciones es respecto a la noción de "materia". Aristóteles la considera el principio primero pero Santo Tomás considera que es un error interpretar tal concepto de esa forma e indica: "Matter is made finite by form inasmuch as matter, before it receives its form, is in potentiality to many forms; but on receiving a form, it is terminated by that one"[26]. De aquí se puede llegar a la conclusión de que todo tipo de materia y de creación (incluimos aquí la percepción del lenguaje como entidad materializada, como algo que encierra una forma) se limita al tomar una forma específica.

Si todo lo anterior es cierto, ¿puede existir algo más allá de Dios que sea infinito? Santo Tomás responde a esta interrogante haciendo una distinción entre lo *relativamente* infinito y lo *absolutamente* infinito. Lo *absolutamente* infinito es Dios. En relación a lo *relativamente* infinito, Santo Tomás expone dos puntos que nos parecen esenciales para fundamentar nuestra visión de un *lenguaje del principio* en el quehacer poético altazoriano. En primer lugar afirma: "what is absolutely finite can be relatively infinite"[27]. Obviamente, si consideramos el Canto VII (paradigma del "lenguaje del principio") como lo absolutamente finito, que, en nuestro contexto, significaría el fin o límite de toda comunicación poética posible, también sería lícito ver, en ese lenguaje del Canto VII, la representación poética de un "cuerpo" lingüístico relativamente infinito, una presencia relativamente infinita. Lo complejo y contradictorio, simultáneamente, es que este "cuerpo" lingüístico (y aquí no sólo incluimos el de naturaleza poética sino cualquier tipo de lenguaje) puede visualizarse, tanto poética como filosóficamente, como portador de una existencia propia. Semejante existencia es una *no-forma* y, a la vez, una materializada síntesis de ausencias relativamente infinitas. Al mismo tiempo, esta infinitud trasciende las diferencias inherentes a un sistema pleno de contradicciones porque desde ella se generan todas las contradicciones y las diferencias[28]. Santo Tomás, desde su visión filosófica-teológica medieval, explica esta contradicción de la manera siguiente: "If, however, any created forms are not received into matter, but are self-subsisting as some think to be the case with the angels, these will be relatively infinite, inasmuch as such forms are not terminated, nor contracted, by any matter"[29]. Analógicamente, el Canto VII es esa "forma creada" que no se "materializa" (es decir, no recibe un "cuerpo" lingüístico específico y, por lo tanto, limitante). Al no materializarse (bajo concepciones objetivistas), conserva la potencialidad de ser "relativamente infinito" respecto a las posibilidades comunicativas de su lenguaje.

C. *Lenguaje* → ∞*: una lectura de Foucault*

De todo lo anteriormente expuesto y analizado, resulta evidente que hay una estrecha relación entre las nociones "lenguaje" e "infinito". Semejante interrelación ha sido estudiada, por ejemplo, por el filósofo Michel Foucault en dos estudios sumamente importantes[30]. En el primero de estos estudios nos indica: "the limit of death opens before language, or rather within language, an infinite space"[31]. Esta afirmación de Foucault se muestra tangente a lo sucedido al poeta-protagonista en el "Prefacio" altazoriano. Allí, Altazor, al verse arrastrado por las fuerzas de atracción de la muerte y del sepulcro abierto (lo finito), se afana en transformar, por medio de la palabra, su "paracaídas" en "parasubidas" y, tras ello, convertir la abertura originada en lo finito y en la limitación en una abertura ahistórica e ilimitada (el espacio infinito)[32].

Con ello, se posponen las "muertes" del poeta-protagonista, del lenguaje poético y de la obra como tal ya que se empieza a postular un lenguaje "which repeats (itself) no other speech, no other Promise, but postpones death indefinitely by ceaselessly opening a space where it is always the analogue of itself"[33]. Este tipo de lenguaje, análogo a sí mismo, "is superimposed upon itself in a *secret verticality*, where the double is exactly the same as the thin space between"[34]. Por último, volviendo a la concepción del lenguaje como ausencia (el Canto VII), como el "campo inexplorado" que el poeta-protagonista inaugura a principio del Canto V, Foucault la describe en los siguientes términos: "Language thus assumes a sovereign position; it comes to us from elsewhere, from a palce of which no one can speak, but it can be transformed into a work only if, in ascending to its proper discourse, it directs its speech towards this absence"[35].

Este dirigirse del lenguaje hacia su ausencia es, precisamente, la trayectoria del dicurso poético altazoriano al trascender toda entidad lingüística reconocible[36]. Es allí donde gráficamente presenciamos cómo el lenguaje altazoriano va acercándose a su infinito, a su "secreta verticalidad". De esta ausencia-presencia habla Huidobro en uno de sus últimos poemas, "La poesía es un atentado celeste", del cual procedemos a citar sus dos primeras estrofas:

Yo estoy ausente pero en el fondo de esta ausencia
Hay la espera de mí mismo
Y esta espera es otro modo de presencia
La espera de mi retorno
Yo estoy en otros objetos
Ando en viaje dando un poco de mi vida
A ciertos árboles y a ciertas piedras
Que me han esperado muchos años

Se cansaron de esperarme y se sentaron

Yo no estoy y estoy
Estoy ausente y estoy presente en estado de espera
Ellos querrían mi lenguaje para expresarse
Y yo querría el de ellos para expresarlos
He aquí el equívoco el atroz equívoco...[37]

Teorema matemático/estructura poética

Indudablemente, la trascendencia del poema huidobriano se debe, en gran parte, al hecho de que su estructura puede enmarcarse dentro de conceptos filosóficos y matemáticos reconocibles. Para comenzar, la "línea direccional" del poema va montada sobre la visión de un viaje en paracaídas que, simbólicamente, refleja el destino del hombre moderno. O sea, en primera estancia, se nos sugiere la idea cristiana de la "caída", equivalente a una cosmovisión pesimista y fatalista (↷).

> Es traslación de un planeta desde su punto más alto dentro de su órbita inevitable, hasta el punto más bajo: movimiento regido por una cosmología negativa que arrastra todo lo existente hacia su aniquilamiento y muerte, por una ley de gravitación universal poderosa y mortal, inescapablemente destructora[38].

Es obvio que el título provoca semejante evaluación y valoración del sistema discursivo altazoriano pero nótese que ese título también lleva el nombre del personaje central: Altazor. Veamos lo que nos dice José L. Martín sobre la correspondencia entre el título y la estructura.

> Si el título lleva el nombre del personaje central generalmente es obra de vértebra psicológica y a veces filosófica. La estructura girará rectilínea, de alguna manera, hacia la revelación de esa psicología o filosofía encerrada en el personaje. Por lo general hay conflictos interiores y la estructura habrá de mostrarlos, ascendiendo hacia un clímax final[39].

Tanto la vértebra filosófica altazoriana (su existencialismo doloroso) como la ascensión del clímax final (el Canto VII) revelan y confirman la correspondencia entre el título y la estructura. La "caída" de Altazor se convierte, en realidad, en una ascensión (↺) que en múltiples ocasiones decelera y alterna su trayectoria entre caídas y subidas para dar entrada a las imágenes. Tenemos, en definitiva, a través del poema, la lucha constante entre elementos de carga positiva y de carga negativa que ayudan a aumentar el dinamismo expresivo del texto. (Más adelante daremos ejemplos de estas polaridades mediante una tabulación). Esta lucha inspira al poeta a continuar su viaje, su aventura celeste. Según Cedomil Goic, la rebeldía del poeta frente a las limitaciones humanas y la promesa de sobrepasar la condición humana a través de la poesía, hacen que su trayectoria, regida anteriormente por una cosmología negativa, se yergue en movimiento contrario.

> El viaje es también ascenso, aspiración a un absoluto desacralizado, a la experiencia de lo maravilloso al otro lado del mundo; es vuelo chamánico ritual, de subida al cielo y de lucha con él a través de diversos peldaños o escalones celestes de creciente enrarecimiento atmosférico y, en este sentido, rito verbal que acompaña y da expresión al ascenso y la extrañeza de la experiencia mágica[40].

La culminación o clímax de esta ascensión será un punto de no-regreso: "Aquí comienza el campo inexplorado/ Redondo a causa de los ojso que lo miran/ Y profundo a causa de mi rpoio corazón" (p.417). Desde esa cima en el espacio infinito de la poesía, el poeta-protagonista logrará desenterrar la naturaleza prístina del lenguaje: el nacimiento de la expresión poética.

En todo caso, el poeta-protagonista buscará llegar a la raíz, al meollo del misterio de la creación poética utilizando "Palabras estelares y cerezas de adioses vagabundos/ Muy lejos de las manos de la tierra" (p.406). Este ritual de vocablos, al mismo tiempo, pasará por un proceso de mutaciones lexicológicas y morfosintácticas intentando reproducir lo inexpresable y primigenio de la existencia puramente poética. Según David Bary, "esta fórmula lleva implícita la idea de una división absoluta entre el yo poético, con las imágenes que produce, y aquel 'infinito' que el poeta busca expresar. Según esto, el lenguaje poético está condenado de antemano a ser insuficiente"[41].

Sin embargo, el poeta-Altazor logra transformar esta insuficiencia del lenguaje poético en una nueva naturaleza de signos en la cual los vocablos metamorfoseados tienen vida propia y poseen suficiente dinamismo para expresar el carácter andrógino del mundo natural. Impera desde el Canto V hasta el Canto VII, por lo tanto, la fuerza ascensional de una conciencia (la de Altazor) que se prepara para el salto "último" de un nacer sin límites o distancias. El propio sentido de perspectiva que experimentamos en el mundo natural se diluye para dar cabida a un sistema de representaciones más intenso. Es interesante notar que este cambio en perspectiva se empieza a formular, con sumo acierto, en estos versos del Canto IV: "Y sobre el camino/ Un caballo que se va agrandando a medida que se aleja" (p.415).

Esta nueva perspectiva sirve de marco para la reflexión e interpretación de la trayectoria ascendente altazoriana como la aventura de un enrarecimiento atmosférico que motiva al poeta-protagonista a querer articular un *lenguaje del principio*. El "viaje en paracaídas" es, por ello, la metáfora-símbolo de la idealizada utopía inherente a todo quehacer poético: la de caer, subir, tocar, escribir y vivir en lo "absoluto". Adelantemos, pues, una breve tabulación de palabras y frases que encierran contenidos sémicos de valores positivo y negativo. Seleccionamos palabras y frases del "Prefacio" porque, desde tal principio, allí aparecen elementos de indudable polaridad que seguirán su lucha a través del poema hasta llegar al Canto VII (confín donde las contradicciones y las dicotomías finalmente se borran).

Tabulación de polaridades en el "Prefacio"

valor (+)	*valor (-)*
nací	muerte de Cristo
olas del océano	globo que cae
la Virgen sentada en una rosa	Creador: simple hueco en el vacío
el espacio circular	la atmósfera del último suspiro
nubes del alba	nubes de la muerte
el pastor de aeroplanos	el huérfano de los naufragios
la cascada en libertad	los desiertos sin mirajes
un parasubidas maravilloso	la vida (viaje en paracaídas)

Señalemos ahora una estructura preliminar que ilustre cómo estas polaridades hacen fluctuar los puntos focales del poema:

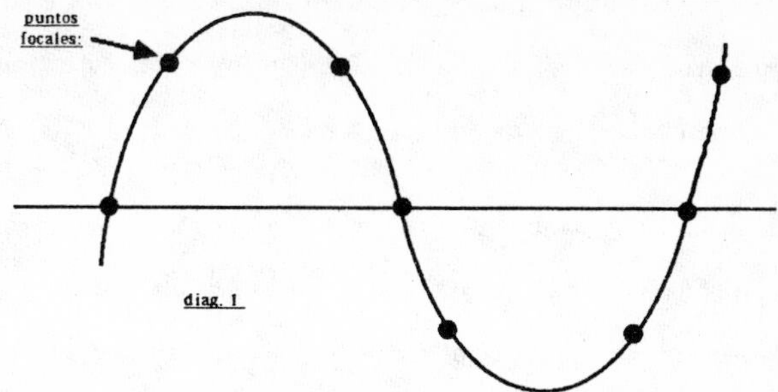

En el diagrama, *C* representa la línea direccional del poema en su trayectoria hacia un clímax final y ascendente (el Canto VII). La fluctuación de los puntos focales demuestra que el lenguaje poético de Altazor no se reduce a un rígido patrón de correspondencias. El poeta busca extraer del lenguaje sus máximas posibilidades de expresión. La estructura preliminar detalla, gráficamente, el movimiento ondulatorio y ambivalente de altura y caída en que se ve plasmada la dolorosa situación del poeta-protagonista, inconforme ante el caos que le rodea. Por ello, especialmente en el "Prefacio" y en el Canto I, el poeta-protagonista cree que se dirige irrefrenablemente hacia su muerte. Semejante situación discursiva contribuye (estructuralmente hablando) al desarrollo de puntos focales con contenidos sémicos de valor negativo. Este mismo hecho provoca que el poeta busque, desafiando la ley de gravitación universal (código establecido) que sólo le señala su inminente caída, una nueva ley, un nuevo código que subvierta los valores del código antiguo. En nuestro poema ese código es el "parasubidas maravilloso como el relámpago que quisiera cegar al creador" (p.384). Esta búsqueda asevera y justifica la presencia de puntos focales de contenido sémico positivo.

Ahora bien, la prueba del enorme acierto que conlleva este tipo de estructura será revelada a través de la exposición del siguiente teorema matemático[42]. Con tal teorema buscamos asociar la estructuración del lenguaje poético altazoriano a una estructura matemática que ha explorado la noción de "infinito". Se nos hace imperioso aclarar, no obstante, que la asociación *teorema matemático/lenguaje infinito* no es fruto de un vanidoso *prejuicio* crítico sino de una larga y profunda (si no convincente) reflexión sobre la naturaleza del lenguaje poético y de su capacidad asociativa dentro de una multiplicidad de niveles. Sirve para ilustrar, por lo demás, la capacidad de la poesía para reconciliar códigos enemigos. En este caso, se reconcilian la codificación matemática (científica, lógica y precisa) con la codificación poética (artística, ilógica e imprecisa). El *cruce* de estos respectivos códigos nos lleva a comprobar la gran lógica y precisión que van unidas a un quehacer poético y, por extensión, la gran dosis de imprecisión y creatividad que suele ir unida a las ecuaciones matemáticas (especialmente aquéllas que intentan explicar lo "infinito").

Exposición del teorema

Prueba para una *asíntota* horizontal:

asíntota- línea recta que prolongada indefinidamente se acerca a la curva sin encontrarla.

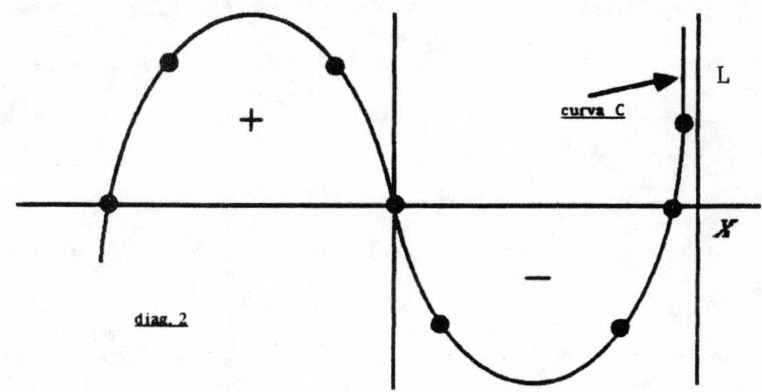

Hipótesis: y= f(x) es la ecuación para la curva *C* (que representa en nuestro estudio la línea direccional del poema). *L* representa la asíntota.

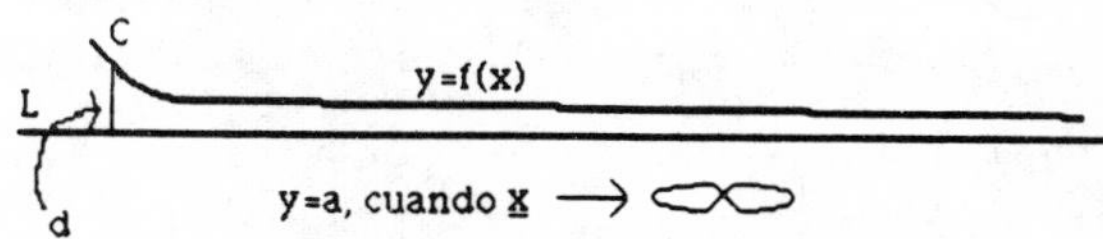

Según se puede apreciar, para un valor "x", positivo o negativo, tenemos *f(x) real*. Entonces el $\lim_{x \to +\infty} f(x) = a$ ó $\lim_{x \to -\infty} f(x) = a$.

Conclusión: *y= a* es una línea asíntota para la curva *C*.

Explicación y uso del teorema

Ya que nuestro propósito es mostrar que existe una analogía perfecta entre un teorema matemático determinado y la estructura del lenguaje poético de *Altazor*, resulta oportuno explicar aquí cómo asociamos los distintos símbolos matemáticos a distintas nociones y símbolos poéticos que el poema presenta.

En primer lugar, dejemos que "x" represente el lenguaje poético empleado en el poema altazoriano. La "y" representará el "viaje" o finalidad del proceso poético altazoriano. Los signos + y -, indican el área ocupada por los puntos focales de las polaridades (véase el diagrama 1). La curva *C* representará la línea direccional del poema. Partiendo de la hipótesis, esto quiere decir lo siguiente: y (viaje de Altazor)= f (la función) de x (el lenguaje poético empleado), es una ecuación para *C* (línea direccional del poema). Se usa la asíntota *L* para representar la realización del Canto VII: la prueba de la asíntota. La *función de x* es una cantidad cuyo valor "x" (variable tanto desde la perspectiva matemática como de la poética) depende del de otras cantidades variables. El signo ∞ es una convención matemática que significa "infinito". La forma abreviada *lim* significa "límite". Cuando llegamos a la conclusión: *y= a*, la "a" representa al *lenguaje del principio* que, dicho sea de paso, es tanto el mecanismo generador como la desembocadura simbólica del poema. La letra "d" representa (tanto en el teorema como en la estructura del poema) "la distancia" entre la línea direccional *C* y la asíntota *L*. En términos específicamente relacionados con el poema, puede afirmarse que mientras más lejano yazga un determinado Canto del poema altazoriano (por razones léxicas, sintácticas y/o semánticas) de la realización poemática del Canto VII, mayor será su "distancia" relativa a éste. Una manera sencilla de expresar esta "distancia" sería contrastando la naturaleza semántica del "Prefacio" con la naturaleza fónica del Canto VII.

Ahora bien, la variabilidad de los puntos focales (véase el diagrama 2) hace que "x" (lenguaje poético altazoriano) no se someta a significados o intenciones fijas. Los valores afectivos y los matices hondamente subjetivos de la palabra son variables y no pueden (ni deben) medirse en términos fijos. Hacer tal cosa equivaldría a reducir la poesía a "lengua". El protagonista altazoriano busca, en el empleo de metáforas e imágenes audaces, alejarse de lo vanamente conceptual para trascender la fuerza de atracción de "la tumba abierta con todos sus imanes" (p.382). Altazor ve en la poesía la única esperanza de salvación: esa "última aventura de esperanzas celestes" (p.391). La distancia "d" va disminuyendo a medida que Altazor, en su paracaídas, se acerca al lenguaje original detrás de toda expresión poética. En los vocablos empieza a reducirse el ámbito de ambivalencia y de polaridad porque el poeta encuentra "la clave del terfinifrete/ Rotundo como el unipacio y el espaverso" (p.417). La inmensa variedad de recursos tropológicos y sintácticos usados por el poeta ya no son necesarios porque las distancias ("d") que hacen efectivos tales recursos se han borrado. No hay distancia. Alcanzar el infinito (∞) implica presenciar el nacimiento y la metamorfosis original de la naturaleza (y, en este caso, del lenguaje poético). Asociamos este "infinito" poético al infinito que ha analizado el matemático a través de la siguiente ecuación: $\lim_{x \to \infty} f(x) = a$, que simplemente significa, el *límite* de "x" (valor variable del lenguaje poético) al acercarse ($\longrightarrow$) al *infinito* para la *función* de "x" (de ese propio lenguaje poético) es equivalente a "a" (su "lenguaje del principio"). Es decir, la culminación de la trayectoria altazoriana es llegar al sonido del lenguaje original. El diagrama 4, a continuación, vuelve a detallar este hecho.

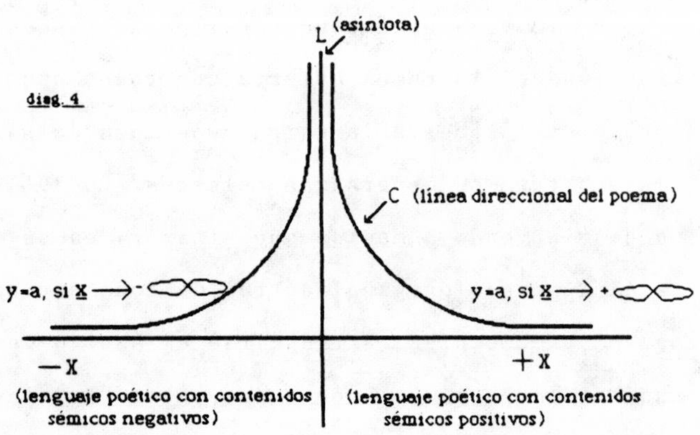

Volviendo al diagrama 4, la trayectoria de Altazor ("y"), equiparada a un "lenguaje del principio" que genera ("a"), se encuentra en el espacio que traza la curva asintótica. El poema, como la representación de una interrelación entre opuestos, toma lugar *dentro* del espacio de tal curva. Al fin y al cabo, la búsqueda de un "lenguaje del principio" es una búsqueda indefinida, infinitamente oscilante entre la vida (ascensión, poesía, parasubidas) y la muerte (caída, paracaídas). Al asociar el teorema matemático de la asíntota horizontal a la estrcutura poética del poema de Huidobro, hemos podido comprobar que el lenguaje del poema nunca toca la zona de la "caída" (aunque articule esta zona metafóricamente) ni la de su absoluto "ascenso" sino, más bien, se nos revela como un valor lingüístico y poético sujeto a la variabilidad y al cambio. Sin embargo, tal variabilidad y tal cambio pueden disminuirse hasta el punto de borrar las contradicciones inherentes al quehacer poético si llevamos su lenguaje particular al último confín: a su argamasa embrionaria fónica original. Si las contradicciones, la variabilidad y el cambio representan limitaciones y obstáculos para el proceso poético (y nótese que también lo son para las pruebas matemáticas), el confín fónico de todo lenguaje poético encierra la posibilidad de lo ilimitado: el "infinito" (en este caso, el Canto VII de *Altazor)*. Es allí, significativamente, donde el poeta-protagonista encuentra el lugar de aterrizaje de toda comunicación poética. Su aventura/lucha, como la matemática simbólica que es, al fin y al cabo, representa la potencialidad expresiva de todo cálculo y sonido posibles.

NOTAS

[1]Peter Bürger recientemente ha planteado argumentos que nos parecen decisivos e imprescindibles para completar esta concepción de la obra artística de vanguardia y su esencial inorganicidad: "If, in the avant-gardiste work, the individual element is no longer necessarily subordinate to an organizing principle, the question concerning the place value of the political contents of the work also changes... In the avant-gardiste work, the individual sign does not refer primarily to the work as a whole but to reality. The recipient is free to respond to the individual sign as an important statement concerning the praxis of life, or as political instruction... Following Adorno, it may mean that the structural principle of the nonorganic is emancipatory in itself, because it permits the breakup of an ideology that is increasingly congealing into a system. In such a view, avant-garde and engagement ultimately coincide"., *Theory of the Avant-Garde* (Minneapolis: University of Minnesota Press, 1984), pp.90-91.

[2]Barthes, *El placer del texto*, pp.42-43.

[3]Jonathan Culler, *Structuralist Poetics* (New York: Cornell University Press, 1976), p.16.

[4]Para este juicio valorativo de Genette, véase su *Figures, I* (Paris: Editions du Seuil, 1966).

[5]"Deictics are 'orientational' features of language which relate to the situation of utterance, and for our purposes the most interesting are first and second person pronouns (whose meaning in ordinary discourse is 'the speaker' and 'the person addressed'), anaphoric articles and demonstratives which refer to an external context rather than to other elements in the discourse, adverbials of place and time whose reference depends on the situation of utterance (here, there, now, yesterday) and verb tenses, especially the non-timeless present. The importance of such deictics as technical devices in poetry can scarcely be overestimated, and in our willingness to speak of a poetic persona we recognize from the outset that such deictics are not determined by an actual situation of utterance but operate at a certain distance from it" (Culler, p.165).

[6]*Ibid.*, p.167.

[7]*Ibid.*, p.169.

[8]Yúdice, *Vicente Huidobro y la motivación del lenguaje*, pp.105-106.

[9]Respecto a este principio ideológico, leemos en el siguiente artículo de Huidobro, "El Soneto", lo siguiente: "¿Para qué hacer un soneto? Góngora, Quevedo, Lope los hicieron, y muy hermosos, cuando había que hacerlos. Como los hizo Shakespeare, Ronsard y tantos otros. Los grandes maestros fueron grandes creadores, ellos respondieron a su época. Lo esencial de la tradición es hacer como ellos crear y no imitar. Sentir cada cual las razones profundas de su tiempo, los modos propios de su presente..." (*Obras completas*, pp.904-905).

[10]*Ibid.*, p.868.

[11]Entre los críticos que comparten una opinión negativa de las tentativas creadoras llevadas a cabo en el poema pueden mencionarse a Guillermo Sucre, Merlin H. Forster, Jaime Concha y, en menor grado, Cedomil Goic. Aun Federico de Onís señala: "Pero Huidobro, cuya obra muestra cualidades de gran poeta, ha comprometido el valor último y definitivo de ella por haber ido demasiado lejos en el lado negativo de su afán innovador, cortando todas las amarras con el pasado, incluso la de la lengua", *Antología de la poesía espanola e hispanoamericana* (New York: Las Américas Publishing Co., 1961), p.1128.

[12]Dentro de este proceso de rupturas hay que incluir los neologismos con "golondrina" y los vocablos que cambian de género. Al mismo tiempo, y más importante aún, hay que asociar este proceso a los niveles ideológicos que proyecta el mismo y que hacen del Canto VII el testimonio definitivo del principio de inorganicidad de la obra vanguardista cuando el principio organizador se le impone al creador como una limitación. El Canto VII funciona, entonces, como paradigma semiótico-simbólico de los límites expresivos sublimados por la vanguardia.

[13]Valdría la pena destacar, por la filiación tradicionalista con la épica que exhibe el poema de Huidobro, los rasgos comparativos entre éste y el *Paraíso perdido* de John Milton (comienzo de la acción "in media res"; división en "Cantos"; protagonistas "satánicos"; expulsión del paraíso; intento de recuperación; entre otros). No obstante, la diferencia fundamental entre ambas cosmovisiones reside en lo que se espera al final de la experiencia-aventura "épica": en la poética miltoniana, la recuperación de los elementos cristianos bajo la autoridad de y dependencia en el Creador (Dios); en la poética huidobriana, la recuperación de un logos creador independiente de Dios.

[14]Según Guillermo Sucre: "La articulación que practica Huidobro

exige, por tanto, otro tipo de lectura: progresiva y regresiva a la vez, continuamente sometida a la ambigüedad y a la corrección. La lectura se vuelve expectativa y de algún modo reproduce el asombro ante un mundo (el poema) que se va gestando", *La máscara, la transparencia* (Caracas: Monte Avila Editores, 1975), p.104.

[15]Paz, *El signo y el garabato* (México: Editorial Joaquín Mortiz, 1973), p.103.

[16]Huidobro, "La creación pura", *Obras completas*, p.720.

[17]Ana Pizarro, "La práctica huidobriana, una práctica ambivalente", *Atenea*, XLV, no.420 (abril-junio 1968), p.207.

[18]David Bary, "Altazor o la divina parodia", *Revista Hispánica Moderna*, 28 (1962), p.288.

[19]Riffaterre, *Semiotics of Poetry* (Bloomington: Indiana University Press, 1978), p.166.

[20]Esta afirmación podría ampliarse para explicar toda una teoría del origen del lenguaje. Bajo tal perspectiva, por ejemplo, el principio o nacimiento de todo lenguaje comenzaría en la "acción", en el acto llevado a cabo ("rol acariciador"). Todo lenguaje del principio vendría a ser toda una serie de "actos no hablados". Aunque parezca paradójico, este "no hablar" guarda en su interior la potencialidad de convertirse en palabra. La posibilidad de comunicar radica en el que ejecute la acción. La acción terminada vendría a equipararse a nuestra noción de "lenguaje". Por otra parte, el hecho de que el Hombre hiciera "aprender a hablar" a la lengua, denota (dentro de los códigos cristianos) una desobediencia, similar en magnitud y gravedad, a la del comer del "fruto prohibido". En todo caso, la desobediencia de los mandatos del Creador en la misma medida que borra la noción de "inocencia original", implica liberación y autonomía y la ruptura del no-conocimiento para entrar en los ámbitos de la sabiduría, del misterio. Huelga decir que este principio ideológico está equiparado a la visión particular de poesía que el autor, Huidobro, articula en su ambicioso poema.

[21]Este es el momento inmediatamente anterior a la "caída". Charles Hampden-Turner nos sintetiza la interpretación protestante (la de Paul Tillich) de la "caída": "The 'dreaming innocence' of Adam before the

Fall was less a state of perfection than of unfulfilled potential. The actualization of human potential involves self-differentiation, disobedience, trial, error and, hence, sin. Eve's acceptance of the serpent's argument gives Adam a second birth, one in which man is perpetually torn between the anxiety of losing himself through errors involved in the attempt to fulfill it", *Maps of the Mind* (New York: MacMillan Publishing Co., 1981), p.24.

[22]Jaime Concha, "'Altazor' de Vicente Huidobro", en *Vicente Huidobro y el creacionismo* (Madrid: Taurus Ediciones, 1975), p.293.

[23]Paz, *Conjunciones y disyunciones* (México: Editorial Joaquín Mortiz, 1969), p.43.

[24]Citado en Abraham Edel, *Aristotle's Theory of the Infinite* (New York: 1934).

[25]*Ibid.*, pp.51-52.

[26]Anton C. Pegis, editor, *Introduction to Saint Thomas Aquinas* (New York: The Modern Library, 1948), p.54.

[27]*Ibid.*, p.55.

[28]Para justificar nuestra afirmación, nos resulta útil citar lo que dijo Hegel respecto a la *infinitud:* "Esta infinitud simple o el concepto absoluto debe llamrse la esencia simple de la vida, el alma del mundo, la sangre universal, omnipresente, que no se ve empañada ni interrumpida por ninguna diferencia, sino que más bien es ella misma todas las diferencias así como su ser superado y que, por tanto, palpita en sí sin moverse, tiembla en sí sin ser inquieta. Esta infinitud simple es igual a sí misma, pues las diferencias son tautológicas; son diferencias que no lo son. Por atnto, esa esencia igual a sí misma se relaciona consigo misma solamente; consigo misma, por donde esto es un otro al que la relación tiende, y la relación misma es más bien el desdoblamiento, o bien aquella igualdad consigo misma es diferencia interna. Estos términos desdoblados son, por tanto, en y para sí mismos, cada uno de ellos un contrario de otro, por donde el otro se enuncia ya al mismo tiempo que él. Dicho en otros términos, cada término no es el contrario de un otro, sino solamente el contrario puro; de este modo, por tanto, es en él mismo lo contrario de sí... La infinitud o esta inquietud absoluta del puro moverse a sí mismo, según lo cual lo determinado de algún modo, por

ejemplo, como ser, es más bien lo contrario de esta determinabilidad, es, ciertamente, el alma de todo recorrido anterior, pero solamente en el interior ha surgido ella misma libremente", *Fenomenología del espíritu* (México: Fondo de Cultura Económica, 1978), pp.101-102. El Canto VII vendría a ser la representación tipográfica del lenguaje "igual a sí mismo", la zona interna del lenguaje o "alma del mundo, la sangre universal, omnipresente, que no se ve empañada ni interrumpida por ninguna diferencia".

[29]Pegis, *Op. cit.*, pp.55-56.

[30]Nos referimos a "Language to Infinity" y "The Father's 'No'", incluidos en su libro, *Language, Counter-Memory, Practice* (New York: Cornell University Press, 1977).

[31]En "Language to Infinity", p.54.

[32]En el poema "Tríptico a Stephane Mallarmé" de *El ciudadano del olvido* hay algo muy parecido a esta noción. Esto sirve como una de las múltiples pruebas de la intuición de Huidobro respecto a estos conceptos filosóficos.

[33]Foucault, "Language to Infinity", p.67.

[34]*Ibid.*, p.58.

[35]"The Father's 'No'", p.86.

[36]Vale incluir aquí las palabras de Jacques Derrida respecto a la relación *lenguaje-ausencia* ya que serán importantes para el próximo apartado de este estudio: "This universe articulates only that which is in excess of everything, the essential nothing on whose basis everything can appear and be produced within language... Only *pure absence*- not the absence of this or that, but the absence of everything in which all presence is announced- can *inspire*, in other words, can *work*, and then make one work... This emptiness as the situation of literature must be acknowledge by the critic as that which constitutes the specificity of his object, as that *around which* he always speaks...", *Writing and Difference* (Chicago: The university of Chicago Press, 1978), p.8.

[37]Huidobro, *Obras completas*, p.582.

[38]Huidobro, *Altazor*, prólogo y bibliografía de Cedomil Goic (Santiago: Ediciones Universitarias de Valparaíso, 1974), p.9.

[39]Martín, *Crítica estilística* (Madrid: Editorial Gredos, 1973), pp.213-214.

[40]*Altazor* (1974), p.10.

[41]Bary, "Altazor o la divina parodia", p.288.

[42]Consúltese el texto de Abraham Schwartz, *Calculus and Analytic Geometry* (New York: Holt, Rinehart and Winston, 1967), pp.220-222.

III. LA TRÍADA LEXICOLÓGICA

Introducción teórica

El propósito de esta tercera aproximación teórica es, en sus líneas generales, estudiar la praxis lexicológica en los diferentes niveles del discurso poético altazoriano. Con tal fin en mente, hemos dividido el texto, desde el punto de vista de su estructuración lexemática, en tres niveles: a) "poema semántico", b) "poema fono-semántico", y c) "poema fónico". Utilizamos estos términos, que dicho sea de paso aparecen en la obra de Jean Cohen, *Estructura del lenguaje poético*, porque se aproximan de una manera bastante fiel a los objetivos teóricos de nuestro análisis[1].

En primer lugar, una cuidadosa lectura del texto nos lleva a percibir un "movimiento" lexicológico que empieza dentro de una naturaleza poética semántica y, gradualmente, va desarraigándose de este "absolutismo semántico" inicial en su trayectoria hacia una naturaleza poética fono-semántica y, finalmente, termina en una naturaleza poética exclusivamente fónica. El extenso poema de Huidobro, desde una perspectiva lexicológica, exhibe aquí también una estructuración de opuestos con una "zona intermedia" en el centro de la misma. Semejante zona intermedia, como verdadera realización de lo poético, es el puente lexicológico que vincula las dos zonas extremas y otorga al poema un dinámico eje expresivo:

Poema semántico →	Poema fono-semántico →	Poema fónico
("Prefacio")	(zona intermedia)	("Canto VII")

El "poema semántico"

En nuestro análisis, el "poema semántico" queda representado por el "Prefacio" ya que éste sólo explota las características semánticas del lenguaje y no rotura la faceta fónica. De hecho, el comienzo del poema es una *hendidura semántica*, un espacio que se abre hacia múltiples posibilidades de significación e interpretación. El poema se instala, desde su principio, en la esfera del significado "pleno": presencia de lexemas que tienen funciones sintácticas y semánticas específicas. De aquí, terminará o recomenzará (dependiendo de cómo se mire) en la esfera del significado "vacío": presencia de fonemas que no exhiben funciones sintácticas o semánticas reconocibles en su estructura externa[2].

Si nos detenemos a elucidar la razón (o razones) que explica el alto grado de incidencia semántica en el "Prefacio", tendríamos que citar como claves las siguientes observaciones de Cohen. Primero habría que diferenciar entre dos sistemas de pausas que, ineludiblemente, entran en conflicto en un poema: la pausa métrica y la pausa semántica. En un poema uno de los propósitos del verso es, precisamente, dislocar la sintaxis[3]. Como señala Cohen, "la versificación parece que invierte las reglas del discurso normal, pues impone una pausa allí donde el sentido no la admite y no hace pausa donde el sentido la exige"[4]. Por tal razón, "pausas semánticas iguales corresponden, pues, a pausas rítmicas desiguales"[5]. Segundo: en un "poema semántico", el

"Prefacio" del *Altazor* es un ejemplo, se reduce de una manera significativa la discordancia entre el sonido y el sentido. ¿Cómo se logra tal efecto? La manera más corriente de lograrlo es haciendo que coincidan el fin de frase (pausa semántica) y el fin de verso (pausa métrica). El "Prefacio" altazoriano corta siempre a fin de frase. De este modo, respeta, con suma fidelidad, las reglas de paralelismo entre sonido y sentido y se convierte en un poema en prosa. Las cuatro "frases" del comienzo del poema bastan para confirmar este paralelismo:

> Nací a los treinta y tres años, (pausa) el día de la muerte de Cristo. (pausa) Nací en el Equinoccio, (pausa) bajo las hortensias y los aeroplanos del calor. (pausa) Tenía yo un profundo mirar de pichón, (pausa) de túnel y de automóvil sentimental. (pausa) Lanzaba suspiros de acróbata. (pausa) (p.381)

Nótese que el paralelismo entre sonido y sentido se apoya en el hecho de que cada pausa semántica tiene su indicador prosódico correspondiente. Esto, a su vez, es una convención propia del discurso en prosa. Compárese, sin embargo, esta versión "prosificada" del poema con la otra instancia de prosificación en el poema en el Canto IV:

> No hay tiempo que perder
> Para hablar de la clausura de la tierra y la llegada del día agricultor a la nada amante de lotería sin proceso ni niño para enfermedad pues el dolor imprevisto que sale de los cruzamientos de la espera en este campo de la sinceridad nueva es un poco negro como el eclesiástico de las empresas para la miseria o el traidor en retardo sobre el agua que busca apoyo en la unión o la disensión sin reposo de la ignorancia Pero la carta viene sobre la ruta y la mujer colocada en el incidente del duelo conoce el buen éxito de la preñez y la inacción del deseo pasado de la ventaja al pueblo que tiene inclinación

> por el sacerdote pues él realza de la caída y se hace más íntimo que el extravío de la doncella rubia o la amistad de la locura (p.412)

Resulta obvio que esta sección del poema, aunque nos recuerde un discurso en prosa por su desplazamiento tipográfico sobre la página, no obedece las reglas de paralelismo entre sonido y sentido o, si lo hace, la falta de indicadores prosódicos ayuda a confundir (y a dislocar) la relación entre los dos sistemas de pausas[6]. Seguramente, el propósito del poeta, al intercalar este fragmento prosificado pero desprovisto de claves prosódicas que ayuden al lector a convencionalizar (de forma más rápida) las desviaciones semánticas que pueda haber en el mismo, es "inventar" un movimiento ininterrumpido de sucesos y descripciones y, a través de él, simultaneizar "hechos nuevos". Con semejante práctica, el poeta logra comunicarnos una de las posturas teóricas más importantes del creacionismo[7].

La etapa fono-semántica: Cantos I-V

La sección del extenso poema huidobriano que usa tanto los recursos fónicos como semánticos del lenguaje es aquélla que comienza en el Canto I y se extiende hasta el Canto V: la etapa que podría considerarse, esencialmente, como la "poesía integral", según la terminología de Cohen. Es en esta etapa donde paulatina pero gradualmente el discurso poético va desarraigándose de la dictadura de lo semántico. Aunque resulta un proceso lento, ya el primer signo de indicio de tal desarraigo semántico se encuentra en el Canto I. En este Canto, el poeta comienza a eliminar de su discurso los indicadores prosódicos (el punto; la coma) que forman parte del sistema de convenciones que el lector utiliza para orientarse mientras lee.

Resulta interesante observar, sin embargo, que el poeta no se desvincula de todos los indicadores prosódicos. Por un lado, deja los signos de interrogación y se adhiere, no sólo en el Canto I sino a través de la obra, a la convención de escribir el comienzo de cada verso en mayúscula. Por otro lado, y esto resulta más importante, en este Canto (como en los Cantos II, III, IV y V) la discordancia entre sonido y sentido sigue mínima ya que, por lo general, coincide el fin de frase con el fin de verso. Los siguientes versos de los tres primeros Cantos servirán para dejar ilustrado este hecho:

Canto I: Sigamos cultivando en el cerebro las tierras del error
Sigamos cultivando las tierras veraces en el pecho (p.388)

La magia y el ensueño liman los barrotes
La poesía llora en la punta del alma
Y acrece la inquietud mirando nuevos muros
Alzados de misterio en misterio (p.391)

Canto II: Al irte dejas una estrella en tu sitio (p.400)

Se pierde el mundo bajo tu andar visible (p.401)

Tengo esa voz tuya para toda defensa (p.402)

Mi gloria está en tus ojos
Vestida del lujo de tus ojos y de su brillo interno (p.404)

Canto III: Sabemos posar un beso como una mirada
Plantar miradas como árboles (p.406)

Todas las lenguas están muertas
Muertas en manos del vecino trágico
Hay que resuscitar las lenguas (p.408)

Al mismo tiempo, empiezan a explorarse los "espacios" tipográficos del poema. La tipografía del mismo (por ejemplo, el sangrar los márgenes) se convierte, sin lugar a dudas, en un valioso recurso expresivo[8]. Citemos sólo algunos ejemplos:

Canto I: Cae
        Cae eternamente (p.385)

Solo
    Solo
        Solo
Estoy solo parado en la punta del año que agoniza (p.387)

Canto IV: La muerte ciega
                Y su esplendor
Y el sonido y el sonido
Espacio la lumbrera
                    A estribor
                    Adormecido
En cruz
        en luz (p.416)

Nótese que los versos citados del Canto IV ya anuncian no sólo la dislocación de la sintaxis del Canto VI sino también la culminación de este recurso tipográfico como fin expresivo

(Cantos VI y VII). Los espacios tipográficos del poema son, en manos del poeta, entidades potencialmente semánticas en su *no-decir*, en su *vacío*. No es una casualidad que el poeta haya vigilado cuidadosamente cómo sangraba los márgenes en versos similares a los ya citados del Canto IV. Obsérvese que al sangrarse el verso, "Y su esplendor", el *vacío* inaugurado es equivalente al desplazamiento del primer verso: "La muerte ciega". Es como si el poeta quisiera indicarnos: en este vacío hay una potencialidad semántica que sólo tiene sentido si se interrelaciona al primer verso que la genera. Por ello, ese vacío ha de tener un desplazamiento (en el espacio y en el tiempo) equivalente al verso anterior. No podemos conceptualizar como simple casualidad el hecho de que el poeta haya usado los "espacios", precisamente, donde con mayor fuerza se destacaban los matices más expresivos y afectivos del discurso: "La muerte ciega/ Y su esplendor"; "En cruz/ en luz". Aquí estamos ante una serie de oxímora, de nociones contradictorias que luchan entre sí. En este caso, el vacío instalado en el texto viene a representar, de manera análoga a las estructuras lexemáticas del discurso como totalidad, la zona intermedia, el puente significativo entre las dos zonas extremas (la muerte/la cruz:el esplendor/la luz) que, en su lucha, articulan un fluir dinámico. El vacío se convierte en un gran "espacio engendrador", en una poética del espacio[9]. Culler también ha observado algo similar cuando afirma que mediante este método de lectura se intenta naturalizar la organización formal de la poesía: "To read thus is to naturalize in terms of external contexts: to assume that typographic space reproduces a space in the world or at least a gap in the mental processes. Poetry of this sort assumes that readers will undertake this kind of naturalization..."[10] En su más reciente libro, Bloom explicita el valor semántico que conlleva lo que *no se dice* en el poema al destacar: "We must see the object, the poem, as in itself it really is not, because we must see not only what is missing in it, but why the poem had to exclude what is missing"[11].

Obsérvese, bajo la misma perspectiva, la diferencia de mayor a menor grado, aunque sea sutil, en los espacios tipográficos entre estrofas y en el paso de un Canto a otro. Mientras mayor sea el espacio entre estrofas o Cantos, mayor será la pausa instalada en la lectura y mayor será, por lo tanto, la potencialidad semántica de tal espacio: puede convertirse en un espacio tanto significativo como afectivo.

> Sans cesse les deux espaces, l'espace intime et l'espace exterieur viennent, si l'on ose dire, s'encourager dans leur croissance. Désigner, comme le font a juste titre les psychologues, l'espace vécu comme un espace affectif ne va cependant pas a la racine des songes de la spatialité. Le poéte va plus a fond en découvrant avec l'espace poétique un espace qui ne vous enferme pas dans une affectivité. Quelle que soit l'affectivité qui colore un espace, qu'elle soit triste ou lorde, des qu'elle est exprimée, la tristesse se tempere, la lourder s'allege. L'espace poétique, puiqu'il est exprimée, prend des valeurs d'expansion[12].

No cabe duda que el orden natural del universo está regido por esa espacialidad dialéctica descrita por Bachelard. En el poema que analizamos, el "espacio íntimo" está naturalizado tanto por los propósitos del poeta al "escribir" tales espacios como por la "lectura" que le da el destinatario. Ambos espacios, claro está, se entrecruzan: no puede existir uno sin el otro. Este entrecruzamiento forma parte de la cadena polisémica que el poema, ya de por sí, prefigura.

En cuanto a la noción de *plenitud semántica* en la poética altazoriana, vale señalar que la culminación de lo que podemos llamar "dictadura del contenido" se lleva a cabo en dos secciones del poema. La primera aparece en el Canto III:

Basta señora arpa de las bellas imágenes
De los furtivos comos iluminados
Otra cosa otra cosa buscamos
Sabemos posar un beso como una mirada
Plantar miradas como árboles
Enjaular árboles como pájaros
Regar pájaros como heliotropos
Tocar un heliotropo como una música
Vaciar una música como un saco
Degollar un saco como un pingüino
Cultivar pingüinos como viñedos
Ordeñar un viñedo como una vaca
Desarbolar vacas como veleros
Peinar un velero como un cometa
Desembarcar cometas como turistas... (pp.406-407)

La segunda sección del poema en que se pone en práctica fenómeno similar es el Canto V:

Jugamos fuera del tiempo
Y juega con nosotros el molino de viento
Molino de viento
Molino de aliento
Molino de cuento
Molino de intento
Molino de aumento
Molino de ungüento

Molino de sustento
Molino de tormento
Molino de salvamento
Molino de advenimiento
Molino de tejimiento
Molino de rugimiento
Molino de tañimiento... (p.423)

En el primer caso citado, el poeta usa, de un modo deliberadamente excesivo, las reiteraciones de un sólo recurso expresivo (el símil) no con el fin de comunicar un contenido semántico coherente sino, más bien, para parodiar la información transmitida a través de las comparaciones. Se ridiculiza el signo figurativo explotando, precisamente, el efecto que ayudaba a matizar sus niveles de expresividad (la comparación indirecta). El poeta expresa, con ello, un contenido ideológico-estético que nos parece bastante claro: él busca un efecto expresivo distinto al convencionalmente articulado por el símil. El poeta no quiere comunicarle al lector "bellas imágenes" sino llevarle a la zona de transgresión semántica causada por los excesos del símil. El poeta busca "otra cosa": desmitificar la noción de "lo bello" que convencionalmente usa el lector para naturalizar las figuras y tropos de la poesía y, con ello, poder corroborar que el contexto que lee es "verosímil". El ente lírico altazoriano, en este caso, atenta contra *la ley del asentimiento* del lector[13]. En el segundo caso, sin embargo, las imágenes gobernadas por el uso reiterado de "molino" apuntan hacia la naturaleza polisémica del símbolo que encierra tal vocablo. El "molino" viene a ser una especie de "rueda de transformaciones desde cuyo centro se genera toda vivencia o comunicación posibles.

Neologismo y transgresión lexemática

En el Canto IV empieza un proceso de condensación en el cual, de entrada, palabras que normalmente funcionan como sustantivos se usarán como adjetivos. Ejemplo de ello es la siguiente enumeración: "Ojo árbol/ Ojo pájaro/ Ojo río/ Ojo montaña..." (p.410). Severo Sarduy señala, con sumo acierto, de que no se trata (refiriéndose al proceso de condensación) de "simple encadenamiento, sino de metáfora; insistiendo en sus analogías, el autor crea una tensión entre dos significantes de cuya condensación surge un nuevo significado"[14].

Semejante proceso irá mostrando su complejidad y diversidad en el poema altazoriano a medida que nos acerquemos al Canto final del poema. Notamos, por ejemplo, que la formación de nuevas palabras (neologismos) se logra a través de varios recursos que responden al anhelo de creación absoluta del poeta-protagonista Altazor. Es preciso aclarar, no obstante, que los neologismos y sugerencias lexicológicas altazorianas no son un mero malabarismo de vocablos sin sentido alguno[15]. Igualmente válida para nuestro propósito es la siguiente observación de Luis Alberto Sánchez:

> ¿Juego? Mucho más que eso. Juego trascendental: la fantasía es algo tan majestuoso como el sentimiento. No le cede terreno. Pelea a pie firme contra el dolor y la muerte. Huidobro no hacía acrobacia literaria, como Ramón Gómez de la Serna: le calaba muy hondo el mal poético, pero sin angustia que comprometiera su víscera: sólo su imaginación[16].

Precisamente, la fragmentación de palabras nos conduce, de manera simbólica, a la metamorfosis de los vocablos antes de ceñirse de función utilitaria. Los vocablos así metamorfoseados representan una nueva génesis dentro del mundo transparente del poeta. Examinemos, pues, este proceso en sus diversas modalidades.

En primer lugar, como ya hemos mencionado, el proceso empieza utilizando, con función adjetival, palabras que normalmente son sustantivos: "Ojo mar/ Ojo tierra/ Ojo luna/ Ojo cielo/ Ojo silencio..." (p.410). Es interesante notar que el poeta suprime, a la vez, elementos sintácticos que juzga innecesarios porque limitan el acierto metafórico y lexicológico de esta nueva experiencia poética. En este caso, al suprimirse artículos y preposiciones, por ejemplo, se expande el área de significación de cada verso. La síntesis lograda, a causa de la simultaneidad de planos y significados que recuperan los versos, ayuda a crear no sólo una sino varias posibilidades de interpretación. Se inaugura, indudablemente, una fuente semántica inagotable. El *ojo*, en este contexto, se convierte en una representación simbòlica del centro del mundo: centro de irradiación que el poeta presencia. El mirar del poeta es el "testigo", el eje polisémico que puede pluralizarse ante la multiplicidad espaciotemporal que surge del contacto entre el lenguaje y la expresión poética.

En la formación de los neologismos, por su parte, el procedimiento puede llevarse a cabo por composición, es decir, por la unión de dos o más palabras ya existentes: *horitaña* (horizonte y montaña). Otros neologismos se forman por derivación, o sea, añadiendo prefijos y sufijos. Los versos siguientes ilustran este caso: "Ya viene la golonclima" (p.413); "Meteópalos en la mirada" (p.416). En el primer ejemplo, se conserva el elemento "golon" de golondrina pero se le añade un sustantivo en cada variación: golon/clima. El segundo verso citado se sujeta al mismo procedimiento. Llevada a sus últimas consecuencias en el Canto VII, la fragmentación de los vocablos alcanza tal magnitud que logran desligarse de toda función utilitaria. Sólo permanecen las sugerencias de los respectivos fonemas como símbolos de un lenguaje ne gestación, un lenguaje larval. Nótese, sin embargo, que esto no significa la destrucción del lenguaje sino la representación de sus primeros vagidos[17]. El poeta español Jorge Guillén nos asegura que es, de hecho, esta representación lo que infunde sentido a los vocablos fragmentados. La función representativa del lenguaje trasciende lo utilitario y se establece en una nueva zona poética. Guillén, siguiendo este proceso de razonamiento, nos aconseja aspirar a un "lenguaje de poema".

> ¿No sería tal vez más justo aspirar a un "lenguaje de poema", sólo efectivo en el ámbito de un contexto, suma de virtudes irreductibles a un especial vocabulario? Como las palabras son mucho más que las palabras, y en la breve duración de su sonido cabe el mundo, lenguaje implicará forma y sentido, la amplitud del universo que es y representa la poesía[18].

Finalmente, a manera de resumen, Guillén nos dice en el

"Apéndice" de su libro:

> Lenguaje poético, no. Pero sí lenguaje de poema, modulado en gradaciones de intensidad y nunca puro. ¿Qué sería esa pureza, mero fantasma concebido por abstracción? La poesía existe atravesando, iluminando toda suerte de materiales brutos. Y esos materiales exigen sus nombres a diversas alturas de recreación[19].

Bajo esta perspectiva, el Canto VII encierra la potencialidad de un vocabulario muy especial que exige, para nombrar sus vocablos ocultos, toda suerte de materiales brutos a diversas alturas de recreación. Hablar de poesía, en tal caso, representa penetrar la amplitud del universo.

En cuanto a nuestro enfoque respecto a los neologismos que aparecen en el poema altazoriano, nos parece oportuno rechazar el enfoque que ha dado, por su parte, Carlos Bousoño en relación a éstos. Para nosotros, la larga serie del Canto IV que cita Bousoño, en un libro suyo publicado en 1977 (véase cita 20), como ejemplo del uso de la jitanjáfora es una interpretación inexacta del fenómeno poético en el *Altazor*. El fragmento que cita Bousoño es el que incluye los vocablos derivados de la palabra-eje "golondrina". Consideramos estos vocablos derivados como neologismos, o sea, como vocablos que se han metamorfoseado, en un complejo proceso de síntesis metafórica, pero están imbuídos de claves semánticas a través de las cuales uno puede otorgarles un significado "lógico" (si queremos ajustarnos a la definición que le da Bousoño al término *neologismo)*. Para justificar su punto de vista, Bousoño primero señala lo que son "jitanjáforas":

> ...expresiones de pura invención por parte del poeta, voces inexistentes antes en el caudal idiomático, y a las que el autor tampoco les concede ahora, al inventarlas, significación conceptual alguna, y sólo un significado al que nosotros, desde nuestra terminología, llamaríamos "puramente irracional" o simbólico. Aquí yace, justamente, la diferencia entre la jitanjáfora y el mero neologismo, pues a éste, al revés de lo que, como digo, ocurre en aquella, su creador pretende imbuirle, incuestionablemente, desde el instante mismo de su primer uso, un significado lógico[20].

Más adelante, Bousoño se muestra más enfático al corroborar su observación inicial. Según él, la jitanjáfora "operaría en nosotros emotivamente a causa de la especial índole de su material acústico"[21]. Esto, sin duda alguna, es cierto. Lo que ponemos en tela de juicio es el razonamiento bajo el cual se intenta ilegitimar la larga serie de neologismos que aparecen, por ejemplo, en el Canto IV considerándolos meras jitanjáforas. Nuestras dudas respecto al carácter jitanjafórico de neologismos como *golondía*, *golonniña*, *goloncIima*, y otros de idéntica construcción, se basan en los análisis que el propio Bousoño elabora para enfocar esta figura (la jitanjáfora). Para él, tal figura carece de contenido lógico.

> Y es que la sonoridad verbal sólo aparece como expresivamente vinculante cuando hay onomatopeya, al menos sinestética... se precisa que la forma acústica *se adecúe*, de alguna manera, al correspondiente significado lógico, *que, por consiguiente, ha de existir con carácter previo*. Y como la jitanjáfora, por definición, carece de él, habríamos de llegar, con nuestras anteriores suposiciones, a la desilusionadora conclusión de la imposibilidad poética de esta figura retórica[22].

En los neologismos altazorianos (*golontrina; golonbrisa; golonchilla; golonrima;* etc.), de hecho, no sólo la forma acústica se adecúa al correspondiente significado lógico (por ejemplo, nótese la proximidad fónica entre *golondrina*, que tiene un significado lógico y universalmente aceptado y es, al mismo tiempo, la palabra-matriz que genera la serie de neologismos, y los propios neologismos) sino también el autor ha establecido una correspondencia consciente entre el vocablo conocido (golondrina) y los neologismos. Hay, significativamente, asonancias rítmicas. Estas asonancias le dan un mayor matiz semántico a los vocablos que riman entre sí al hacerlos portadores de asociaciones y connotaciones que, por regla general, en el discurso "normal" carecen. De tal forma, *golondrina* puede "leerse" como un eje metafórico para los subsiguientes neologismos. En este caso, queda comprobado que los vocablos que riman con la palabra-matriz no son jitanjáforas ya que no nos encontramos "frente a determinados sonidos totalmente insensatos" (Bousoño, p.44). Estos vocablos altazorianos tienen legitimidad fónica y semántica

Por tal razón, y con el fin de ilustrar la cantidad de neologismos y sugerencias fonológicas que aparecen en el texto a partir del Canto IV, ofrecemos, a continuación, un "diccionario" de términos altazorianos. No pretendemos, con ello, agotar la fuente semántica que yace dentro de estos vocablos metamorfoseados. Semejante tentativa, a la par de ser imposible, sería absurda. Más bien, nos limitamos a explorar una "posibilidad semántica" para cada vocablo con el fin de reducir la desviación causada por la condensación y derivación de los vocablos e intentar una praxis de lectura y de escritura creativas partiendo de las unidades de significación más pequeñas del idioma: los fonemas.

abifundo: abismo profundo
altielos: altos cielos
aruaru: árula (ara pequeña); altar
auricida: homicida de la aurora
auriciento: canto ceniciento
auronida: aurora detenida
arorasía: aurora poesía
aururaro: oro raro
azulaya: azul playa

brajidos: bramar de quejidos (de "bramidos" y "quejidos")
bramuran: braman y murmuran
butraceas: (?)

campanudio: nudo de campanas
campanuso: campana en uso
campañoso: campo añoso
cantasorio: cantar ilusorio
compasedo: compás quedo
corriela: corriente que riela

desonda: des/ onda; la nunca, la no-onda

escalolas: escalas de olas
espaverso: espacio y universo; espacio del verso
espurinas: espumas marinas
eterfinifrete: palíndromo que destaca dos nociones contrarias- eternidad y fin
eternauta: eterno navegante

farandolina: farándula y mandolina
faranmandó mandó liná: sugerencia musical bailable derivada del neologismo anterior
firmazonte: firmamento y horizonte
fueguisa: fuego y risa

golonbrisa: golondrina-brisa
goloncelo: golondrina-celo
goloncima: golondrina-cima
golonclima: golondrina-clima
golonchilla: golondrina que chilla
golonchina: golondrina china
golondía: golondrina-día
golonfina: golondrina fina
golongira: golondrina que gira
golonlira: golondrina-lira
golonniña: golondrina-niña
golonrima: golondrina que rima
golonrisa: golondrina-risa
golontrina: golondrina que trina
gondoleando: en el contexto significa que la golondrina (su vuelo) semeja el movimiento de una góndola

horicielo: horizonte-cielo
horimento: horizonte-lamento
horitaña: horizonte-montaña
hormajauma: sugerencia de "horma, jaula y mar"
hurafones: huracanes-tifones

infidondo: infinito hondo (redondo)
infilero: infinito velero
infimento: infinito lamento
infinauta: infinito nauta; nauta del infinito
isonauta: nauta de las semejanzas
ivarisa: sugerencia de "viva risa"

jaurinario: sugerencia de "jaula originaria"

laribamba: sugerencia de "la rima bambolea"
laribambamositerella: sugerencia de "la rima bambolea bambolea oh sí estrella
laribambamplanerella: sugerencia de "la rima bambolea bambolea planeta-estrella
lasurido: sugerencia de "al sur ido"; "lazo de ruido"
laziolas: lazo de olas
leiramombaririlanla: articulación jitanjafórica de la rima al "bambolearse"
lejantaña: lejana montaña
lirilam: lírico lamento
lucenario: escenario de luz
lunala: luna-ala
lunatando: luna atando; anocheciéndo(se)
lusponsedo: sugerencia de "luz, poniente quedo"

mandodrina: mandolina-golondrina
mandolera: mandolina-ventolera
mandotrina: mandolina que trina
mareciente: mar reciente
marería: sugerencia de "ciencia del mar"
marijauda: sugerencia de "marejada enjaulada"
matriola: matriz-ola
matrisola: matriz sola
metecobre: meteoro-cobre
meteópalos: meteoro-ópalos
metepiedras: meteoro-piedras
meteplata: meteoro-plata
mitradente: sugerencia de "mi trampa contundente"
mitralonga: sugerencia de "mi larga trampa"
mitrapausa: sugerencia de "mi trampa en pausa"
monlutrella: sugerencia de "monte, luna, estrella"
monluztrella: sugerencia de "monte, luz, estrella"
montalas: montaña-alas
montanario: como en el vocablo "campanario", torre o lugar donde se colocan montañas
montanía: montaña-lejanía
montañendo: sugerencia de "subiendo" (a la montaña)
montasca: montaña-borrasca
montazonte: montaña-horizonte
montesol: monte-sol
montesur: monte-sur
montonda: montaña-onda; montaña honda
montresol: sugerencia de "monte, trecho, sol"
murllonía: murmullo-lejanía
musicá: música acá
musiquí: música aquí

naufundo: náufrago profundo
nochería: sugerencia de "ciencia de la noche"

olamina: ola y mina; mina de olas
olandera: ola-bandera
olañas: ola-montañas; montañas de olas
olasica: sugerencia de "ola básica"
ondaja: sugerencia de "onda y alhaja"
ondola: onda-ola; ondula la ola
oraneva: sugerencia de "hora nueva"
orararanía: sugerencia de "¡oh rara lejanía!"; "hora rara lejanía"

planetal: terreno poblado de planetas
plegasuena: plegaria que suena

redontella: redonda estrella
rimbibolam: sugerencia derivada de "laribamba"
rodoñol: este vocablo (y los seis siguientes en el fragmento se forma con "roñol", derivado de "roña", "roñoso" y las notas de la escala musical: ro-do-ñol; ror-re-ñol; ro-mi-ñol; ro-fa-ñol; ro-sol-ñol; ro-la-ñol...
rorosalía: de "rosa" y el nombre propio, "Rosalía"
rugazuleo: sugerencia de "rugido de azules"

selviflujo: de la forma prefija "silvi" y flujo; cultivo de mareas
semperiva: siempre viva
sensorida: sensoria vida o ida
solinario: sugerencia de "sol estacionario"
sonrodería: sugerencia de "sonrosada pedrería"
subaterna: subida eterna

tallerendo: sugerencia de "tallando en el taller"
tarirá: sugerencia de "tarida allá"
temporía: ciencia del tiempo
tempovío: tiempo del navío
tornadelas: sugerencia de "tornasoladas velas"

uiaya: palabra formada por la interjección, "¡huy!" y la palabra "playa"
ulisamento: sugerencia de "un liso firmamento"
ululacente: ulular yacente
ululaciente: ulular reciente
unipacio: universo-espacio; unidad-espacio
uruaro: sugerencia de "urubú raro"
urulario: sugerencia de "urubú lunario"
ururayú: sugerencia de "urutaú" (especie de lechuza)

verdiul: verde-azul
verdondilas: sugerencia de "verdes ondas"
violondrina: violoncelo-golondrina
volaguas: volantes aguas

ylarca: sugerencia de "y la arca"

zollonario: sugerencia de "zona, llovizna, campanario"
zurrosía: vocablo formado por "zurrón" (bolsa formada por las membranas que envuelven el feto); en el contexto expresa la idea de "ciencia o conocimiento de lo que va a nacer"

Preponderancia de lo fónico sobre lo semántico: el Canto VI

No cabe la menor duda que este Canto es el "puente" que conduce hacia el absolutismo fónico del Canto final. Es, por ello, que se continúa en este Canto, pero de una manera más sistemática, el crecido desarraigo gramatical. Se utiliza, por otra parte, como recurso expresivo, lo que López Estrada ha llamado "la línea poética diseminada"[23]. Los versos dispuestos de tal manera sobre la página ayudan a crear un obvio efecto visual en el lector. La diseminación de la línea poética resulta ser un acierto más en la exploración poética del poeta-protagonista ya que la disposición tipográfica de los versos provoca que el lector "llene" (de sentido y significado) los espacios que no ha llenado la escritura. Se cumple de manera muy acertada lo que ha dicho Kurrick al referirse a la palabra: "The word is a presence based on absences"[24].

Al mismo tiempo, este Canto representa la glorificación simbólica de lo nocturno en la vida de un ser destinado a alcanzar el centro de mayor irradiación de la poesía, el maravilloso loto de su origen vía la palabra poética acercándose a su extremo fónico. El poeta, como un miramares-mago, con la virtud de sus alas, se detiene brevemente para observar a la "medusa irreparable" (p.435). No obstante, el poeta-protagonista se abstiene de llamarla o de llegar al lugar en que se encuentra porque él, en su trayectoria, ha trascendido el mundo de la manifestación (en este caso, el elemento "agua" en que reside la "medusa"). El poeta se ve transportado hacia un "gloria trino/ sin desmayo" (p.435) que apunta hacia la vertiente indivisiblemente espiritual de su ascensión y, a la vez, funciona como un signo de indicio del glorioso trino fónico que ha de ser el Canto VII. Impera, en todo caso, la contemplación, la sugerencia de imágenes estrechamente relacionadas con la transparencia de la noche, de la oscuridad y de la muerte. El don de observación del poeta queda establecido simbólicamente en la imagen del "cristal" cuyo origen metafórico reside, significativamente, en la propia mirada del poeta. Los versos siguientes resaltan este hecho:

> Una bujía el ojo
> Otro otra
> Cristal si cristal era
> Cristaleza (p.432)

El cristal, de tal modo, no sólo comunica, a causa de su transparencia, los diversos estados anímicos del protagonista: "cristal seda"; "cristal nube"; "cristal ojos"; "cristal noche"; "cristal cielo"; "cristal mío"; "cristal sueño"; "cristal viaje"; "cristal muerte"; sino también se nos revela como portador de una simultaneidad de planos y significados posibles.

Ahora bien, el poeta-protagonista se ve vagar en la oscuridad del espacio en que viaja. Aún así, desea descubrir las metamorfosis que le llevarán a la transparencia absoluta. Descubre, al final, que esta búsqueda ha de enfrentarlo con la transparencia de la muerte: "Flor y noche/ Con su estatua/ Cristal muerte" (p.435). No en vano, Guillermo Sucre nos dice que este Canto "es la metáfora de la *visión indecible:* el lenguaje está a punto de trasponer sus propios límites"[25]. En efecto, ese "Angel mío/ tan obscuro/ tan color" (p.434) es la imagen tanto del poeta como la del lenguaje (luchando con su incesante fuente de polaridades: oscuridad/claridad). El lenguaje viene a formar, entonces, un "claroscuro" de movimiento continuo en el cual el ámbito claramente nocturno del Canto se contagia con la luminosidad del cristal y, a través de ello, une todo lo potencialmente contradictorio. Altazor, como poeta al fin y al cabo, quiere reconciliar las polaridades concediéndoles un plano de mutua correspondencia poética. El poeta sabe, no obstante, que el lenguaje, si permanece en su parálisis gramático-conceptual, no podrá comunicar estas experiencias. Por tal razón, el poeta busca desnudar al lenguaje de todo elemento que resulte ser fácilmente conceptualizador.

Por un lado, la ausencia casi total de verbos en este Canto es notable. Este recurso, contrario a lo que pueda pensar el crítico o el lector de Huidobro, no debilita en lo absoluto la expresión poética sino, más bien, la expande hacia nuevos puntos de contacto e interpretación. Nótese que el sustantivo es el elemento sintáctico más frecuente a lo largo de este Canto: aparece en proporción de 8:1 si lo comparamos con la frecuencia del verbo. A través de la acumulación de sustantivos, el poeta nos hace ver que la importancia sintáctico-semántica-metafórica del Canto VI no reside en comunicarnos "acciones" sino, más bien, acercarnos a la contemplación dinámica de un ser que se acerca a la experiencia de lo infinito. Obviamente, la inacción rige este Canto. Por ejemplo, ese "temblor del corazón" que el poeta describe al principio del Canto no es otra cosa que la apoteosis de poder presenciar ese momento poético. Impera la contemplación: una contemplación activa, inquieta, perspicaz. Todo el Canto se sintetiza en un "fluir" que busca unirse a la certeza de un orden superior: el Canto VII. En gran medida, todos los Cantos del poema han sido etapas preparatorias para llegar a esa zona sin límites que es el último Canto. Seguramente por ello, nos oponemos a la valoración crítica de Ramón Xirau cuando declara que el poeta "sabe que nada existe sino su alucinada lucidez de visionario sin objeto de visión"[26]. Por el contrario, hay una "gran visión" aquí. Semejante visión es *indecible* pues queda equiparada a la de un lenguaje que está a punto de nacer. En la particularidad de ese lenguaje el sustantivo recobra su poder no sólo de nombrar sino también de describir, señalar, formar, asociar y transformar la experiencia de la trayectoria poética altazoriana: "viajando en postura de ondulación" (p.432). Los diversos matices expresivos del sustantivo conceden al diálogo/dialéctica: vida-muerte, oscuridad-cristal, una dimensión reconciliadora bajo la cual triunfa la *no-distancia*.

Una "semiosis ilimitada": el Canto VII

Hacia el final del Canto IV y al principio del Canto V resaltan, por su claridad, algunas de las claves más explícitamente descriptivas de lo que ha de ser el Canto VII. Citemos, en primer lugar, ambos fragmentos.

La muerte ciega
              Y su esplendor
Y el sonido y el sonido
Espacio la lumbrera
                  A estribor
                  Adormecido
En cruz
      en luz
La tierra y su cielo
El cielo y su tierra
Selva noche
Y río día por el universo
El pájaro tralalí canta en las ramas de mi cerebro
Porque encontró la clave del eterfinifrete
Rotundo como el unipacio y el espaverso
Uiu uiui
Tralalí tralalá
Aia ai ai aaia i i (pp.416-417)

Inmediatamente después, al principio del Canto V, el poeta reconoce que su tentativa poética lo lleva hacia zonas no exploradas de la expresión (aún dentro de las audacias vanguardistas de la época en que escribe Huidobro).

Aquí comienza el campo inexplorado
Redondo a causa de los ojos que lo miran
Y profundo a causa de mi propio corazón
Lleno de zafiros probables
De manos de sonámbulos
De entierros aéreos
Conmovedores como el sueño de los enanos
O el ramo cortado en el infinito
Que trae la gaviota para sus hijos

Hay un espacio despoblado
Que es preciso poblar... (p.417)

En esa obsesión del poeta-protagonista con "Y el sonido y el sonido" podemos empezar a comprender el indudable valor poético que reside en el Canto VII. No es la locura o la irrefrenabilidad de la "caída" lo que rige el desarrollo del Canto VII sino el descubrimiento del sonido original de las cosas cuando él asciende al campo inexplorado de la poesía. Este lenguaje, cuyo confín fónico es el Canto VII, representa para el protagonista el triunfo de su retorno a un *lenguaje del principio*, a ese lenguaje que los hombres "desviaron de su rol", como él señala en el "Prefacio". Desde una perspectiva crítica, Díaz-Plaja acentúa algo similar al decir:

> ...una poesía onomatopéyica representaría una verdadera poesía refleja de las cosas. Pero como tendríamos una poesía insuficiente, precisa someter la realidad a un proceso intelectual de transformación análogo al que sufrió la escritura cuando pasó de ser ideográfica a ser fonética. En suma, todo lenguaje es una traición a la realidad, una sustitución, o, dicho de otro modo, todo lenguaje es una metáfora radical[27].

Guillermo Sucre, por su parte, como otras voces críticas que le han precedido, no cree que el Canto VII englobe posibilidades significativas.

> Es significativo, al menos, que Altazor concluya en la explosión del lenguaje y no en la creación de uno nuevo. Aun el juego verbal de este poema- lo mejor de él y de donde surge, por cierto, el verdadero humor- no logra convertirse, plenamente, en un nuevo juego de signos: la conciencia del poeta parece, finalmente, prevalecer sobre el lenguaje mismo. Sin embargo, es evidente que "Altazor" (y gran parte de la obra de Huidobro) precede las búsquedas de muchos escritores latinoamericanos de hoy[28].

No estamos completamente de acuerdo con el juicio de Sucre

respecto a la realización final del *Altazor*. Si el poema terminara en simple explosión, nos enfrentaríamos a la destrucción y muerte de la expresión poética altazoriana justamente en el momento en que el protagonista recurre a nuevas posibilidades de expresión (que, valdría aclarar, no se agotan o terminan en este poema)[29]. El propio Huidobro, desde su conferencia, "La Poesía", había anunciado su aspiración a un lenguaje poético que encerrara las siguientes características:

> La poesía es el vocablo virgen de todo prejuicio; el verbo creado y creador, la palabra recién nacida. Ella se desarrolla en el alba primera del mundo. Su precisión no consiste en denominar las cosas, sino en no alejarse del alba.
>
> Su vocabulario es infinito porque ella no cree en la certeza de todas sus posibles combinaciones. Y su rol es convertir las probabilidades en certeza. Su valor está marcado por la distancia que va de lo que vemos a lo que imaginamos. Para ella no hay pasado ni futuro...
>
> Toda poesía válida tiende al último límite de la imaginación. Y no sólo de la imaginación sino del espíritu mismo, porque la poesía no es otra cosa que el último horizonte, que es, a su vez, la arista en donde los extremos se tocan, en donde no hay contradicción ni duda[30].

Hasta ahora, la crítica no le ha dado suficiente importancia a las probabilidades expresivas del Canto VII. Semejante carencia sólo ayuda a perpetuar las interpretaciones superficiales e impresionistas del Canto. Por tal razón, hay que enfocar la tentativa altazoriana en el Canto VII como el deseo de "retrotraer la poesía a la naturaleza primitiva del lenguaje, a un estado preutilitario, mítico, donde la palabra no es un interpósito sino una nueva génesis del mundo[31]. Esta creación está íntimamente relacionada a la del ámbito natural.

El poema se nos revela como árbol recién nacido, como un árbol de luz (final del Canto I). El poeta-protagonista asocia los misterios de la creación en la naturaleza a su propia praxis poética. Se vislumbra, a través de ella, un indudable sentido de escalofrío que acompaña a toda creación, ya sea biológica o poética. El protagonista nos comunica esta experiencia diciéndonos: "Un escalofrío de pájaro me sacude los hombros/ Escalofrío de alas y olas interiores/ Escalas de olas y alas en la sangre/ Se rompen las amarras de las venas" (p.399). La conclusión de este escalofrío será ascender a ese "espacio despoblado/ Que es preciso poblar" (p417) e internarse en la androginia original de la naturaleza. Al llegar a esa última cima, el protagonista ya no puede "crear" metáforas, símiles, metonimias, sinestesias y otros procedimientos retóricos comunes a la poesía porque las distancias que hacen efectivos tales recursos se han borrado.

En efecto, la fusión de los elementos de la naturaleza en el Canto V es sólo uno de los múltiples procedimientos que el poeta-protagonista usa para llegar a lo que Yurkievich ha descrito como "el retorno a la argamasa embrionaria, a una suerte de lenguaje larval donde los vocablos se derriten y se metamorfosean"[32]. Esta fusión de los elementos de la naturaleza transmitida mediante la fusión de los vocablos en el discurso revela la unidad a la que Altazor aspira. La desmembración de los significados verbales representa, pues, la culminación de la búsqueda altazoriana. Cedomil Goic nos ha dicho al respecto: "así como la experiencia mágica se hace difícil de comunicar, mientras más inefable es, más inadecuados son los medios ordinarios de expresión"[33]. Caracciolo Trejo ayuda a describirnos la culminación poética del Canto VII al decir:

> Universo, espacio, eternidad no son meras menciones, son realidades confundidas, integradas en el poema. La palabra tradicional se transforma, pues ella no puede designar la unidad a que el poeta aspira. Más que juego, que jitanjáfora, como ha querido verse, designa con rigor una entidad recién nacida[34].

Bajo esta misma perspectiva, el poeta-protagonista fonológicamente nos sugiere la representación del nuevo estallido que va a surgir en el Canto VII. Ya en el Canto V el protagonista comunicaba este estallido como bramar volcánico, es decir, como el inmenso estruendo de un lenguaje que ha estado esperando el momento oportuno (el Canto VII) para revelarse en toda su potencialidad comunicativa. Es interesante notar el giro que toman tanto la expresión poética como la fonología a medida que nos acercamos al último Canto. El bramar de Altazor se convierte en "ulular" en el Canto final. El poeta-protagonista (como Altazor-pájaro, su última transformación) asciende enrarecido por la nueva génesis que despliega esta experiencia de lo celeste. El poeta-pájaro, consecuentemente, descubre que su lenguaje debe responder a esa nueva altura que no es otra sino la altura del "principio", la altura adánica[35]. Su lenguaje, en fin, debe representar el triunfo de la no-distancia.

Todos los significados y variantes de la palabra "ulular" implican aullido, grito, alarido. Ahora bien, ¿qué clase de carga afectiva nos comunica el "ulular" del Canto VII? Nótese, en primer lugar, la frecuencia de la vibrante alveolar *r*, unida a la velar cerrada *u*, en palabras como: aruaru; urulario; aururaro; uruaro; ururayú. En los fonemas resultantes hay una bajada de la altura del timbre. Es significativo señalar que mientras el poeta continúa su trayectoria ascendente, esta "bajada" no se opone a la realización final del poema sino, más bien, la complementa. La velar cerrada *u* provoca en la psiquis del lector un sentimiento de alarido nocturno, de ave nocturna (úlula) que observa y viaja a través de las sucesivas metamorfosis del lenguaje y de la naturaleza en formación. En el Canto VII, por lo tanto, la velar cerrada *u* representa la articulación que se retrae tanto hacia el fondo de la boca como hacia el fondo y centro de la poesía: nocturnidad y alarido.

A través del Canto VII, por último, el poeta-protagonista describe y descubre que el sonido original es un follaje de alaridos: fonemas que representan entidades etéreas, hialinas. En otras palabras, un lenguaje primigenio desde cuyo centro se genera toda expresión y comunicación poéticas. Ese lenguaje "final" del poema altazoriano es un *lenguaje del principio* cuyo plano expresivo es una "semiosis ilimitada", un circuito comunicativo infinito. Las unidades fonológica-poéticas trascienden, por virtud de su fragmentación, el plano de lo vanamente conceptual y genérico: tienen la potencialidad de comunicarlo "todo", precisamente, porque no comunican "nada". El verdadero *lenguaje del principio* fue un lenguaje que "no dijo nada" ya que yacía ajeno a toda función utilitaria, conceptual y limitante. Significativamente, la trayectoria lingüística experimental que el *Altazor* enuncia desde su protagonista nos prueba que el lenguaje poético es mucho más que esa materialidad que presenciamos sobre la página. La poesía va "más allá" de nuestro limitado léxico. La tentativa del protagonista altazoriano fue, precisamente, romper esos límites: ser él mismo el emisor de un lenguaje "no-límite": un lenguaje $\rightarrow \infty$ que encerrara todas las probabilidades comunicativas de su expresividad latente.

Transcripción del Canto VII: el poema detrás del sonido

Luego de haber señalado algunas posibilidades de interpretación para los neologismos y sugerencias altazorianos, para terminar nuestro estudio lexicológico, ofrecemos al lector una transcripción de lo que podría ser el Canto VII. El lector notará que en la creación y fusión de vocablos, algunos como "rimbibolam" encierran tantas posibilidades, debido a su extensa fragmentación, que resulta extremadamente difícil fijarles un significado. Tomando en consideración tales limitaciones, la transcripción que sigue es, de por sí, un nuevo poema salido del vientre de la argamasa embrionaria fónica.

En sentido análogo a la naturaleza biológica del mundo- donde se comprueba que el nacimiento de un nuevo ser empieza justo en el momento de la fusión del semen con el óvulo- un nuevo poema comienza cuando se funde la *expresión poética* que el poeta desea articular con el *lenguaje* que debe manejar. Este contacto se nos presenta, en primera instancia, como una masa indiferenciada de sílabas (el Canto VII); en el caso biológico es una masa indiferenciada de células: este es el comienzo del ser (del poema) y, a la vez, el fin (o finalidad) de la fusión. El Canto VII, pues, debe considerarse como el verdadero comienzo del poema y, al unísono, como la finalidad de todo proceso poético.

Canto VII

Ai aia aia

ia ia ia aia ui

Tralalí

Lali lalá

Altar altar

urubú lunario

Lalilá

Rimbibolam lam lam

¡Huy! Playa zona llovizna campanario

lalilá

Monte luna estrella monte luz estrella

lalolú

Monte trecho sol y mandolina que trina

Ai ai

Monte sur en lazo de ruido

Monte sol

Luz poniente quedo sol estacionario

Oro raro un liso firmamento lalilá

Y la arca murmullo lejanía

Horma jaula mar (marejada enjaulada)

Mi trampa contundente

Mi trampa en pausa

Mi larga trampa

Matriz sola

matriz de olas

Mina de olas ola básica lalilá

De las semejanzas nauta

Ola y bandera urubú raro

Ia ia nudo de campanas compás quedo

Tralalá

Ai ai mar reciente y eterno nauta

Redonda estrella tallando en su taller de luz escenarios

Ia ia

La rima bambolea

La rima bambolea bambolea planeta-estrella

La rima bambolea oh sí estrella

Leiramombaririlanla

lírico lamento

Ai i a

Ciencia del tiempo

Ai ai aia

Ulula allí

lulayu

layu yu

Ulula allí

ulayu

ayu yu

Luna atando (anocheciéndome)

Sensoria vida e infinito firmamento

Ulula yo ulular de lamento

Plegaria que suena

Cantar ilusorio ulular naciente

Hora nueva yu yu yo

Tiempo del navío

Infinito velero e infinito nauta zurrón

Jaula originaria urutaú

Subiendo (a la montaña) ¡oh rara lejanía! (hora rara lejanía)

Aurora poesía ulular reciente

Siempre viva

          viva risa en su tarida

Nudo de campanas lalalí

Ceniciento viento áureo nido

Lalalí

     Io ia

i i i o

Ai a i ai a i i i i o ia

NOTAS

[1]Para Cohen, claro está, estos tres niveles representan tres clases de poemas: "El primero, conocido con el nombre de 'poema en prosa', podría ser llamado 'poema semántico'. En efecto, no explota más que esta faceta del lenguaje, dejando sin roturar poéticamente la feceta fónica. A esta clase pertenecen obras estéticamente consagradas, tales como *Les chants de Maldoror* o *Une saison en enfer*, lo cual prueba que los recursos semánticos bastan por sí solos para crear la belleza buscada. POr el contrario, dentro de la segunda categoría, a la que se podría llamar 'poemas fónicos', ya que no explotan más que los recursos sonoros del lenguaje, no se puede citar ninguna obra literariamente importante... Pero, para nosotros, la cuestión no consiste en valorar el rendimiento poético comparado de estos dos niveles. Sean cuales fueren sus valores respectivos, lo cierto es que siempre han sido utilizados conjuntamente por la gran tradición poética francesa y que, cuando unen sus recursos, dan como fruto esas obras a las que de manera inmediata va unido en nuestra mente el nombre de poesía, como *La Legende des siecles* o *Les Fleurs du Mal*. A estos poemas, que constituyen la tercera categoría, se les puede dar el nombre de poesía 'fono-semántica' o poesía integral", *Estructura del lenguaje poético* (Madrid: Editorial Gredos, 1977), pp.11-12.

[2]No obstante, puede argüirse que bajo el contexto fónico del Canto VII reside una estructura interna, una estructura profunda que le brinda legitimidad semántica a los fonemas (esto se ve, por ejemplo, en onomatopeyas fácilmente reconocibles y en la fusión, aunque extrema, de vocablos). El lector puede intentar convencionalizar la desviación creada por el poema fónico haciendo una transcripción "reconocible" del mismo. Para nuestra "transcripción", véase el final del capítulo.

[3]Cohen, p.60.

[4]*Ibid*., p.61.

[5]*Ibid*., p.62.

[6]Cohen dice: "Aunque las pausas no sean indispensables para la articulación del mensaje, es evidente que le sirven de apoyo positivo. Es indudable que la dislocación del sistema de pausas tiene por efecto una desestructuración- limitada, pero efectiva- del mensaje poético (*Ibid*., p.74).

[7]En su manifiesto "Epoca de creación", Huidobro claramente señala: Inventar consiste en hacer que las cosas que se hallan paralelas en el

espacio se encuentren en el tiempo o viceversa, y que al unirse muestren un hecho nuevo. El conjunto de los diversos hechos nuevos unidos por un mismo espíritu es lo que constituye la obra creada. Si no están unidos por un mismo espíritu, resultará una obra impura, informe, que sólo exalta a la fantasía sin ley", *Obras completas*, p.750.

[8]Jonathan Culler, al hablar sobre las diferentes convenciones de lectura que toman lugar al leer poesía, señala: "...its typographic arrangements can be given spatial or temporal interpretations ('suspense' or 'isolation'). When one reads the text as a poem new effects become possible because the conventions of the genre produce a new range of signs", *Structuralist Poetics* (New York: Cornell University Press, 1976), p.162.

[9]Consúltese al respecto el importante libro de Gaston Bachelard, *La poétique de l'espace* (Paris: Presses Universitaires de France, 1958). Allí señala: "C'est par l'espace, c'est dans l'espace que nous trouvons les beaux fossiles de durée concretisés par de longs séjours" (p.28).

[10]Culler, p.184.

[11]Harold Bloom, *Agon* (New York: Oxford University Press, 1982), p.18.

[12]Bachelard, p.183.

[13]Usamos aquí la terminología de Carlos Bousoño. Respecto a esta importante "ley" nos dice (entre otras cosas): "el poeta escribe de modo que el lector pueda otorgar esa 'aquiescencia' sin la que el poema no existe, haciéndose así posible después, para ese mismo lector, tras la concedida legitimidad, la inmediata recepción del poema dentro de su espíritu. El lector colabora en la obra literaria *no en cuanto que la lee, sino en cuanto que va a leerla*. Está como agazapado invisiblemente en la conciencia del poeta y allí se revela como un censor implacable que no permite otra expresión sino la que, por transportar una representación anímica 'idónea', va a alcanzar, posteriormente, su 'asentimiento'. La acción poética es, irremediablemente, desde su propio origen, una co-acción, una acción conjunta de poeta y lector", en *Teoría de la expresión poética*, II (Madrid: Editorial Gredos, 1970), pp.59-60.

[14]Severo Sarduy, "El barroco y el neobarroco", *América Latina en su literatura* (México: Siglo XXI editores, 1976), p.174.

[15]Con el fin de respaldar nuestro enfoque respecto al carácter

semántico de los neologismos latazorianos, la siguiente observación (aunque extensa) de Yuri LOtman, al analizar las propiedades estructurales del verso a nivel léxico-semántico nos parece fundamental: "la semántica de las palabras de la lengua natural representa para el lenguaje de un texto artístico material en bruto. Al quedar implicadas en estructuras supralingüísticas, las unidades léxicas se encuentran en una situación de pronombres *sui generis* que reciben el significado de la *correlación* con todo el sistema secundario de significados semánticos. Las palabras, que en el sistema de la lengua natural se hallan recíprocamente aisladas, al encontrarse en posiciones estructuralmente equivalentes se revelan funcionalmente como sinónimos o antónimos unas de otras. Ello descubre en estas palabras unos diferenciadores semánticos que en su estructura semántica en el sistema de la lengua natural no se manifiestan. Sin embargo, esta capacidad de convertir distintas palabras en sinónimos y una misma palabra, en diferentes posiciones estructurales en semánticamente no equivalente a sí misma, no suprime el hecho de que el texto artístico siga siendo un texto en una lengua natural", *Estructura del texto artístico* (Madrid: Ediciones Istmo, 1978), p.215.

[16]L.A. Sánchez, *Escritores representativos de América* (Madrid: Editorial Gredos, 1971), p.197.

[17]Geoffrey Leech, apuntando la relación entre la creación de palabras y la creación de nuevos conceptos, aclara: "It may seem... that the effect of neologism is merely to condense into a single word the same meaning that could otherwise be expressed by a whole phrase or sentence. My argument, however, is that combined with this abbreviatory function, the *word* as a syntactic element has a concept-defining role... a new word is launched on a semantic course of development independent of the meaning of the elements which compose it", *Semantics* (New York: Penguin Books, 1977), pp.36-37.

[18]Jorge Guillén, *Lenguaje y poesía* (Madrid: Alianza Editorial, 1972), p.8.

[19]*Ibid.*, p.196.

[20]Bousoño, *El irracionalismo poético (El símbolo)* (Madrid: Editorial Gredos, 1977), p.40.

[21]*Ibid.*, p.44.

[22]*Ibid.*

[23]Francisco López Estrada, *Métrica española del siglo XX* (Madrid: Editorial Gredos, 1974), p.140.

[24]Maire Jaanus Kurrick, *Literature and Negation* (New York: Columbia University Press, 1979), p.1.

[25]Sucre, *La máscara, la transparencia* (Caracas: Monte Avila Editores, 1975), p.121.

[26]Xirau, "Crisis del realismo", *América Latina en su literatura*, p.191.

[27]Guillermo Díaz-Plaja, *Ensayos sobre literatura y arte* (Madrid: Aguilar, 1973), pp.1053-1054.

[28]Sucre, p.122.

[29]René de Costa, en su edición del poema ha constatado que éste "no es una obra 'acabada' en el sentido tradicional del término. El texto es más bien una obra en progresión discontinua, repentinamente conclusa, congelada como 'obra abierta' en el momento de ser entregada a la imprenta", *Altazor/Temblor de cielo* (Madrid: Ediciones Cátedra, 1981), p.25.

[30]Huidobro, "La Poesía", *Obras completas*, pp.716-717.

[31]Saul Yurkievich, "Altazor o la rebelión de la palabra", *Vicente Huidobro y el creacionismo* (Madrid: Taurus, 1975), p.306.

[32]*Ibid.*, p.312.

[33]Cedomil Goic, "Prólogo", *Altazor* (Santiago: Ediciones Universitarias de Valparaíso, 1974), p.16.

[34]E. Caracciolo Trejo, *La poesía de Vicente Huidobro y la vanguardia* (Madrid: Editorial Gredos, 1974), p.107.

[35]El mexicano universal, don Alfonso Reyes, en su importantísimo estudio, "Las jitanjáforas", analiza tal recurso (el jitanjaforizar) dividiéndolo en dos familias: la jitanjáfora pura y la jitanjáfora impura, y señalando, hacia el final del mencionado estudio, lo antiguo que es tal recurso. Procedemos a citar algunos fragmentos de su estudio que percibimos como fundamentales a la correcta interpretación de lo que, hasta ahora, hemos articulado. A modo de síntesis creativa, el

Canto VII es la desembocadura léxica, sintáctica, fonológica y semántica de lo que anunciaba el Canto IV: a) los neologismos generados del término-eje "golondrina" (p.413); b) el proceso jitanjafórico de "Aquí yace Matías en su corazón dos escualos se batían/ Aquí yace Marcelo mar y cielo en el mismo violoncelo/ Aquí yace Susana cansada de pelear contra el olvido/ Aquí yace Teresa ésa es la tierra..." (p.415); c) la clave del poeta-Altazor para intentar reproducir un lenguaje de pájaro: "El pájaro tralalí canta en las ramas de mi cerebro/ Porque encontró la clave del eterfinifrete" (p.417). Reyes, por su parte, nos ha legado, con el impecable don crítico y expresivo que siempre le caracterizó, las siguientes observaciones (al unísono, objetivas y poéticas) de los fenómenos aludidos en el poema de Huidobro: "La palabra había alcanzado ya un temeroso atletismo cósmico. Su don de captación era en ocasiones absoluto. De aquí la magia, en que la fórmula oral gobierna el fenómeno. De aquí el hermetismo: quien posee el nombre del dios posee al dios. Hay identidad entre el nombre y lo nombrado. Quien sepa mi nombre sustancial, ése dispondrá de mí a su antojo..." (p.192); "De suerte que la palabra nos fue dada, primero, para apoderarnos de los objetos. Pero ya antes de esta etapa, presentimos una prehistoria lingüística que Adán nunca nos confesó: un raudo zumbido articulado que precede a la sintonización lógica y que-acercando el oído- todavía se escucha en el caracol del lenguaje..." (p.193); "La imitación poética de las aves tiene un bello antecedente aristofánico que todos conocen. A veces, los traductores traducen también a su modo las onomatopeyas de Aristófanes. La abubilla dice: 'Epopoi, epopoi. Epopo, popo, popo, popo, popoi, ío, ío. Tío, tío, tío, tío, tío, tío, tío, tío, Troito, troito, toto brix. Torotoro-tototorotix. Kiccabau, Kiccabau. Torotorotorotorolililix'..." (p.220); "En el ruido de esta sonaja hay algún misterio. Juego ha habido, pero no todo ha sido juego. Los ecos resuenan hasta el fondo de ciertos corredores por donde se llega a las catacumbas de la poesía...", *Obras completas de Alfonso Reyes*, vol. XIV (México: Fondo de Cultura Económica, 1962), pp.190-230.

IV. LA PROTAGONIZACIÓN SIMBÓLICA

El proceso simbólico

Al enfocar la simbología altazoriana no resulta difícil comprobar la amplia gama de significados que se integran a la mayoría de los símbolos en el poema y el grado de legitimidad que adquieren éstos como auténticos símbolos polisémicos[1]. El discurso simbólico altazoriano opera bajo una dinámica cuyo centro generador se orienta en direcciones opuestas. Por un lado, los símbolos más importantes en el poema conservan su procedencia tradicional y se "mueven" dentro de las convenciones fijadas por el simbolismo tradicional. El símbolo, en tal sentido, queda enmarcado dentro de una codificación simbólica reconocible. El poeta quiere presentarnos esta realización "esperada" del símbolo para luego, a manera de contrapunto, entregarnos la "otra" naturaleza que comparte el propio símbolo. Es decir, su naturaleza anti-convencional, rupturante y contradictoria respecto a lo que comunicaba tal símbolo en el pasado.

El valor del símbolo aumenta al no limitarse a un determinado significado específico. De hecho, cada símbolo que estudiamos a continuación desafía el ser fijado a las leyes de un determinado y único significado. El símbolo altazoriano es activo, dinámico, y uno de sus "posibles" significados no hace sino formar parte de la cadena de posibles significados que engloba en su naturaleza polisémica. Por tal razón, "el valor del símbolo se sale del marco constituido por lo que es una figura retórica en sentido estrecho, y su uso invade, pronto y progresivamente, espacios de mucha mayor amplitud y significación"[2]. Se puede, pues, verificar que, en el *Altazor*, el símbolo como procedimiento meramente retórico es insuficiente. Su misión es abolir los límites que la sociedad ha impuesto a la naturaleza primigenia de las cosas. El principio discursivo (desde una perspectiva simbólica) es simbolizar la interioridad de esa naturaleza en plena formación que el poeta-protagonista presencia al desatarse de los vínculos objetivistas y restrictivos de leyes naturales, culturales y lingüísticas. Si la palabra, el paisaje, el objeto o el acto han de ser simbólicos en el poema deben, indudablemente, escindirse de la rigurosa conceptualización de semejantes leyes restrictivas para que el poeta-protagonista pueda llevar a cabo su viaje ontológico y espiritualizador.

El poeta-protagonista (Altazor) y su compleja ontología "de ser" provocan, en el nivel simbólico del discurso, un estado de continua metamorfosis que le es muy propio. No por ello (aclaramos) es menos espiritual la experiencia poética-simbólica del protagonista. Lo que sucede es que percibimos, dentro del proceso simbólico (dada a las diversas representaciones e interpretaciones que ofrece cada símbolo), una ontología rupturada, contradictoria e incompleta porque la entidad lírica que genera tal proceso también lo es. Como indica Barth, "our perception of the symbol is never complete, because we ourselves are never complete"[3]. El poema altazoriano nos permite llegar a la conclusión de que cada poema es un proceso ontológico sin fi

Altazor como símbolo del héroe

Sabemos que en el *Altazor* se proyecta una doble trayectoria de ascenso y descenso a la vez. No obstante, hemos establecido (véase nuestro segundo capítulo) que el movimiento ascensional es la fuerza "límite", infinita, dentro de semejante trayectoria. Aún así, esta doble trayectoria hace posible la presencia de una simbología cuyo sentido se determina a través del choque de toda una serie de polaridades: día-noche; altura-abismo; evolución-involución; vida-muerte; y otras cuya enumeración sería exhaustiva. Dentro de esta perspectiva, cabe señalar que el análisis del poeta-protagonista como símbolo del héroe no hace más que evidenciar la existencia de esta simbología ambivalente y contradictoria. Tales factores, significativamente, revisten al símbolo de una mayor flexibilidad interpretativa.

En primer lugar, el nombre del protagonista (Altazor) nos sugiere altura, ascenso, evolución. En cada caso hay elementos que denotan la espiritualidad y la naturaleza sublime de este personaje-símbolo. Todas estas manifestaciones brindan una cosmovisión optimista a la raigambre simbólica del "vuelo". Al considerar al protagonista como "el alto azor", es decir, como ave, percibimos la exactitud del símbolo ya que las aves son quienes mejor se interrelacionan con todas las nociones de vuelo y viaje. Según Cirlot, las aves "son símbolos del pensamiento, de la imaginación y de la rapidez de las relaciones con el espíritu"[4]. J. C. Cooper, por su parte, nos hace ver que el simbolismo de las aves es universal y, en su recopilación del símbolo, podríamos relacionar el "alto azor" huidobriano con la imagen del héroe y su comprensión del idioma de las aves, con la alquimia y el chamanismo, y con las culturas celta, china, cristiana, egipcia, hindú, japonesa y maorí (cuya concepción del Hombre-pájaro como divinidad es un arquetipo remotivado en el contexto del poema que estudiamos)[5]. La simbología de las aves coincide con la imagen que tenemos del poeta-protagonista: pensador, creador de imágenes, articulador de un lenguaje-pájaro, chamán, alquimista verbal, héroe, transgresor de todo lo objetivista-natural a través del poder espiritualizador de lo poético.

> Si el vuelo es- contrariamente a los sueños de la tierra- sueño hacia la interioridad, Huidobro- creador y creacionista- debe entenderse, acaso ante todo, como poeta que renuncia al mundo para sustituirlo por el aire, el soplo, el "animus" del alma. La poesía de Huidobro se centra en el cielo[6].

En esta importante sustitución de un elemento por otro: aire en vez de tierra; dominio de lo poético sobre el mundo visible y objetivista, volvemos a percibir la fuerza de gravitación ascensional que despliega no sólo este caso de sustitución sino otros ejemplos similares de sustitución. Por ejemplo, el poeta sólo puede desafiar la ley de garvitación universal si logra alcanzar el proceso espiritualizador "cuerpo→alma". Bajo tal connotación, Cirlot nos explica que el alma, en su manifestación simbólica-espiritual "recuerda que su origen está fuera del espacio y del tiempo, fuera de las criaturas y del mundo del objeto, incluso más allá de las imágenes; entonces tiende a la destrucción de lo corporal y a la ascensión en retorno"[7]. El poeta-protagonista tiene que salir victorioso de una serie de pruebas simbólicas a través de los siete Cantos para alcanzar sus objetivos de transformar el mundo objetivista, en que se ve enjaulado, en una nueva naturaleza poética que no esté condicionada por las restricciones de un lenguaje utilitario.

Bajo esta perspectiva, el concepto de "alma", como procedimiento poético, entra al poema no bajo un plano aristotélico sino platónico.

> Whereas Plato had conceived of the soul as an autonomous entity whose residence in the body was temporary until its liberation at the death of the body, Aristotle had envisaged the soul as form which was entirely dependent on and inseparable from body or matter. In Plato's discourses the soul was examined in an epistemological context. In Aristotle's treatise the soul was conceived as a topic of psychological discussion... Where Plato refers to the soul in his search for true and complete identity of man and his eventual destiny, Aristotle is more concerned with the function of the soul in life situations[8].

El protagonista lírico altazoriano necesita proyectarse, dentro de su dimensión heroica, como paradigma simbólico del alma. En tal caso, la proyección del "alma" del protagonista, en su búsqueda de un puro conocimiento poético que esté libre de todo condicionamiento limitador, estaría enlazada a una larga tradición simbólica-literaria. El "alto azor" vendría a ser una variante de la convención simbólica ya usada por Goethe, entre otros, en su *Fausto* (donde el héroe prometeico se ve torturado por las dos tendencias contradictorias de su alma: la materialidad y la espiritualidad). En el poema que estudiamos, precisamente, el protagonista lírico sufre esta dicotomía pero, a diferencia de "Fausto", él ha sido desarraigado de un plano superior y "desciende" a un plano terrenal, inferior: "Soy el ángel salvaje que cayó una mañana/ En vuestras plantaciones de preceptos..." (p.393); mientras que Fausto opera desde un principio en el plano inferior intentando buscar lo absoluto, lo perfecto (el plano superior). Otra diferencia fundamental: Fausto termina entregando su alma a las pasiones terrenales mientras que Altazor no cesa de buscar lo absoluto que es, de por sí, su propio ser, su propia realización primigenia. Lo importante es reconocer que el ascenso del alma, logrado a través de las luchas simbólicas del protagonista y de sus sucesivas transformaciones, es un proceso de superación de estados anteriores como en la concepción emersoniana: "The soul's advances are not made by gradation, such as can be represented by motion in a straight line, but rather by ascension of state, such as can be represented by metamorphosis- from the egg to the worm, from the worm to the fly"[9]. No puede perderse de vista, por supuesto, que el símbolo "ave" como equivalente de "alma" forma parte del canon metafórico de la poesía romántica. Altazor es, en definidas cuentas, el "alto azor", o sea, el ave que se eleva en busca de la idealización romántica de lo absoluto. Nalbantian observa: "Finally, there is the fundamental motif of journey containing sub-motifs of the exile, migration through flight, and the return home... Regardless of their national framework , these Romantic poets are grounded in the common Christian dogmas of the affiliation of the soul with Christian inmortality"[10].

El lazo unitivo que vincula esta compleja serie de relaciones: poeta-protagonista (héroe) "alto azor" ave "alma" en su ascensión conceptualización cristiana (tradición simbólica); es el hecho de que el verdadero autor de la obra (Huidobro) ha revestido la figura heroica del protagonista lírico (Altazor) con características y contradicciones que viven en su propia persona[11]. Una de estas contradicciones es articular un rechazo total hacia el cristianismo y, al mismo tiempo, usar imágenes (alma, vuelo) que provienen de una tradición simbólica cristiana.

> Ahora bien: ese personaje poemático que nos habla desde las composiciones poéticas, no está en ellas de cualquier modo, sino precisamente, figurando ser el autor... ese personaje, que no es el autor, posee con él estrechísimas relaciones. ¿De qué índole? Sin duda, relaciones simbólicas: ese personaje expresa cualidades reales B del autor o cualidades que el autor desea que supongamos como *reales* en su persona[12].

Bousoño procede inmediatamente a especificar el carácter de contigüidad entre protagonista y autor:

> La relación entre el protagonista poemático y el autor es entonces la misma que media entre el plano imaginario E y el plano real A de una imagen visionaria. Lo mismo que en una imagen visionaria A=E no hay parecido objetivo entre A y E_1 sino sólo un parecido en el sentimiento que ambos planos despiertan en el lector...[13]

El hecho de que existan relaciones de contigüidad y semejanza entre el protagonista poemático y el autor de la obra no le resta, en nada, a la dimensión heroica del protagonista. Al contrario, como lectores, creemos más rápidamente en la "heroicidad" del protagonista porque entraña cualidades propias de un ser de carne y hueso (el autor, Huidobro). El poeta-protagonista Altazor viene a ser una metáfora de éste[14].

Otra clave para nuestro asentimiento es la conexión que podemos establecer entre la dimensión heroica del protagonista y su acercamiento a la simbología tradicional del "héroe". Para JOseph Campbell, por ejemplo, la conceptualización simbólica del héroe es un fenómeno universal que tiende a manifestarse en las más diversas culturas de un modo parecido: todo héroe se ve partícipe de una trayectoria o "iniciación" tridimensional. Tal iniciación sigue el patrón que citamos a continuación: "a separation from the world, a penetration to some source of power, and a life-enhancing return"[15]. Graciela Maturo puntualiza algo similar al hablarnos sobre la tradición simbólica y, citando de otros estudiosos como G. Persigout y Serge Hutin, señala que el proceso de "iniciación" abarca tres etapas:

> *Purificación del ser*, que "muere" a sus deseos profanos para llegar a ser una criatura perfecta: es la "Gran obra espiritual" de los alquimistas. *Iluminación*, que da el medio de encontrar la "Palabra perdida", de llegar al conocimiento que nuestros antepasados perdieron. *Reintegración* simbólica en los privilegios que el individuo poseía en el origen, antes de la caída[16].

Nótese las palabras claves que denotan la "iniciación" del héroe: *separación/penetración/retorno* (Campbell); *purificación del ser/iluminación/reintegración* (Maturo). Ambas familias de términos se corresponden. La trayectoria del protagonista altazoriano sigue, con suma fidelidad, este mismo paradigma simbólico. Hay, en primer lugar, un rechazo, una ruptura (separación) de todos los dogmas cristianos y de todo sentido objetivista con la intención de trascenderlos (purificación del ser)[17]. Esto, por su parte, conlleva una serie de sacrificios, pruebas simbólicas, indagaciones lingüísticas y culturales (penetración) que han de brindarle nuevas claves para poder descifrar su nueva existencia como protagonista dentro de un orden cósmico primigenio (iluminación). El resultado de la ruptura y de la búsqueda será alcanzar nuevamente lo primordial (mito del eterno "retorno") que, para el héroe, implica recobrar la visión totalizadora de su persona (reintegración).

Por último, podemos citar un ejemplo antiquísimo, basado en esta misma concepción de lucha, superación y recuperación de lo ancestral, que nos ayudaría a confirmar, de manera decisiva, la convencionalización del símbolo "héroe" en el poema altazoriano. Bailey nos habla de una historia hindú conocida como *El descenso del sol* que, como el título lo indica, es un mito solar. En tal mito hay un significado mítico interno, el cual es "La divina iluminación (encarnación) de Aquél que dio tres pasos". Como observa Bailey:

These Three Steps of the Sun indicate not his Rise, Zenith, and Setting, but a somewhat inverted cycle, i.e. His Going Down, His Period of Darkness, and His Rising Again. To primitive man these mystical three steps summarized and symbolised the mystery of birth and death, *lux ex tenebris*, a dazzling light in most profound darkness, a heavenly body doomed to put on mortality and suffer for a period in this lower world of darkness, birth and death[18].

Altazor: paradigma de contradicciones

Tras la inicial entrada al simbolismo de la "heroicidad" de Altazor, resulta importante analizar la cadena de transformaciones por la cual éste pasa. Altazor es el hombre-poeta-mago-ángel-dios-pájaro que busca no sólo respuestas a sus interrogantes existenciales sino que, a lo largo de los sucesivos Cantos, lucha con las fuerzas limitadoras de su realidad histórica y social. El "viaje de iniciación" poético será, para este protagonista cuyas identidades contradictorias deben fijarse e interpretarse, un mecanismo de sublimación y trascendencia en la medida en que logre representar su recuperación de la palabra original y la consiguiente salvación de su entidad escrituraria autónoma.

Desde una perspectiva mítica, puede hablarse del personaje Altazor como un nuevo Icaro, como una nueva versión de Orfeo. El orfismo altazoriano queda enlazado, sin duda, al legado simbolista mallarmeano[19]. Sin embargo, en oposición a lo sucedido al Icaro original, a Altazor no se le queman las alas. Ya sabemos que, simbólicamente, "las alas de Icaro equivalen a la radical insuficiencia de una función"[20]. El peregrinaje altazoriano es un constante luchar con el vacío, con la peligrosa presencia de la "caída", con elmaremagnum de convenciones sociales, culturales y religiosas que rodean al protagonista. Paradójicamente, sin estas luchas no existirían ni personaje ni obra.

Por ello, el paracaídas (en función analógica a las alas de Icaro) no puede resultar insuficiente ya que su fin es "salvar" al poeta haciéndole trascender esa mortífera linealidad histórica que nos encierra a todos. Resulta obvio que el discurso poético altazoriano no es histórico sino esencialmente mítico. Claro está, el autor ha ido más allá del entorno mítico y, ya a un nivel socio-histórico, nos ha revelado el gran dilema humano dentro de esta edad conflictiva llamada "siglo XX", plagada de peligros bélicos, de las obsesiones cientificistas de una ideología tecnocrática dominante, de sus dogmas religiosos, de las inquietudes socio-políticas. En fin, en el *Altazor* también nos enfrentamos a la falta de sentido e identidad que rodea nuestras vidas (y la vida del protagonista en el poema) dentro de una sociedad fragmentada. El hecho de vivir dentro de una sociedad que percibe fragmentada hace que el protagonista también experimente este "vivir fragmentado" en su propio ser. Esto explica, en gran parte, el proceso de caracterización del personaje en la obra. Es decir, la vivencia fragmentada con la cual lucha el protagonista a lo largo del poema, genera (desde el punto de vista de la caracterización) no una identidad fija e inquebrantable para éste sino toda una serie de identidades contradictorias desde las cuales él pueda proyectar su trayectoria.

Toda la concepción de lo contradictorio en la obra (y en el protagonista) empieza a vislumbrarse en este vivir fragmentado que viene a fijarse como uno de los fundamentos que pone en marcha el discurso. Una de las razones de la vivencia fragmentada del protagonista es su "vivir sin Dios". Ineludiblemente, esto lo obliga a proyectarse como arquetipo del héroe mítico no sólo para defenderse de los elementos más poderosamente marginantes de la época en que vive sino también, mediante sucesivas transformaciones y/o proyecciones de su personalidad, para llegar al "campo inexplorado" dela poesía: metáfora del "paraíso recobrado". El poeta es el elegido y/o el condenado a explorar más allá de los límites impuestos por la sociedad. Cada lucha, por cierto, representa un combate espiritual. En este sentido, podemos hacer una identificación mítica entre la búsqueda y las dificultades del protagonista en el poema con los doce trabajos de Hércules. Ambos, de hecho, son símbolos de la liberación individual. Si el poeta, en cambio, no intenta explorar "la otra orilla"[21], Bloom considera que "the alternative is to repent, to accept a God altogether other than the self... This God is cultural history, thedead poets, the embarassments of a tradition grown too wealthy to need anything more"[22]. En resumidas cuentas, Altazor es una entidad mítico-heroica que, como héroe, "tiene como fin primordial vencerse a sí mismo"[23] para trascender lo histórico, social, político, religioso y cultural que lo enjaula en la tradición.

La cadena de transformaciones de Altazor es larga y penosa: propia de un ser que anhela descubrir los más recónditos confines de la naturaleza poética y de su propia razón de ser.

> Este ser, que es semipájaro, pero que al mismo tiempo lo sentimos como un ente humano, con problemas y sentimientos y deseos humanos, es un personaje híbrido, quizá un ángel por su don de vuelo. A Altazor, pues, debemos imaginarlo en su figura externa como una creatura casi mitológica, con vida alada, como el antiguo Icaro. Pájaro, hombre, ángel todo eso lo es en su apariencia externa, en su compleja estructura imaginaria[24].

Debemos, no obstante, cuidarnos de conceptualizar al protagonista como tan sólo una simple caracterización mítica ya que su compleja estructura imaginaria engloba otras características no menos importantes. Por un lado, representa al Hombre en toda la extensión de su dolor humano, de su angustia metafísica, de la certeza de su caída paradisíaca, de las múltiples inquietudes y profundo inconformismo que lo caracterizan. Es obvio que el cúmulo de estas características humanas sólo incrementan los aspectos contradictorios de la personalidad altazoriana en sus varias transformacones-identidades[25]. De hecho, Altazor-hombre sólo puede presentársenos como ente cuyo discurso siempre termina en la contradicción. En primer lugar, es un ser que decide rechazar ese mundo cristiano en que se crió[26]. Tal rechazo sumerge al protagonista-poeta que vive en su interior en una atmósfera de desolación y desesperanza, especialmente en el primer Canto. La significación y el impacto de la "caída" sobre el temple emotivo de Altazor-hombre se deja perfilar, para citar un ejemplo, en los versos siguientes:

> Cae
>   Cae eternamente
> Cae al fondo del infinito
> Cae al fondo del tiempo
> Cae al fondo de ti mismo (p.385)

Las reiteraciones con "Cae" apuntan hacia un hondo contenido ideológico. "Cae al fondo del infinito" se relaciona con la intención del poeta de llegar a trascender todo lo convencional: "caer" para llegar a la meta anhelada que es el Canto VII. Esto, por su parte, sería como caer "al fondo del tiempo". Este "caer", a su vez, lo ha de llevar al encuentro consigo mismo: espiritualización, sublimación de la experiencia poética. En todo caso, se "cae" con el propósito de encontrar algo. Se "cae" respecto al encuentro de algo: "Acaso encuentres una luz sin noche/ Perdida en las grietas de los precipicios" (p.385). Este "caer", sin embargo, lo obliga a cobrar conciencia de su soledad (como queda confirmado en los versos siguientes):

Estoy solo
La distancia que va de cuerpo a cuerpo
Es tan grande como la que hay de alma a alma
Solo
    Solo
        Solo
Estoy solo parado en la punta del año que agoniza
El universo se rompe en olas a mis pies (p.387)

A pesar de la naturaleza sémica negativa y desesperanzada que se ve reflejada en estos versos, la figura del protagonista lírico desafía el vacío. O sea, se lanza en sentido contrario a la "caída" expresando, de tal forma, su inconformidad ante el caos imperante:

Sigamos cultivando en el cerebro las tierras del error
Sigamos cultivando las tierras veraces en el pecho
Sigamos
Siempre igual como ayer mañana y luego y después
No

No puede ser cambiemos nuestra suerte
Quememos nuestra carne en los ojos del alba
Bebamos la tímida lucidez de la muerte (p.388)

En ese "cambiemos nuestra suerte" reside la clave o motivación principal para que el poeta busque trascender su simple realidad corporal y pueda presenciar las fuerzas naturales de un cosmos poético en su etapa primigenia, larval. El poeta desea recobrar el "paraíso perdido". La tarea, por ello, es una tarea prometeica en cuya dinámica tanto el poeta como el discurso no están exentos de la contradicción y de la ruptura. La noción de liberación prometeica expresa, de hecho, la efectividad del proceso sublimador y su resultado:

Desafiaré al vacío
Sacudiré la nada con blasfemias y gritos
Hasta que caiga un rayo de castigo ansiado
Trayendo a mis tinieblas el clima del paraíso (p.391)

Sólo su paracaídas puede llevar a cabo la labor de desencadenarlo pero solamente si su función se invierte: parasubidas. Comprendemos, entonces, por qué ese Altazor-hombre-poeta se declara "mago": "Mago, he ahí tu paracaídas que una palabra tuya puede convertir en un parasubidas maravilloso como el relámpago que quisiera cegar al creador" (p.384). El ser "mago" implica conservar una visión mítica-religiosa-chamánica de la experiencia poética al mismo tiempo que se rechazan las raíces de un cristianismo muerto. El ser "mago" lo prepara para desconceptualizar la "lengua" y, de tal forma, comunicar su cosmovisión de pre-estreno. Sin embargo, la personalidad contradictoria del poeta-protagonista y el clima de constante ruptura al cual se ve expuesto, lo obliga a advertirnos en el Canto III: "Manicura de la lengua es el poeta/ Mas no el mago que apaga y enciende/ Palabras estelares y cerezas de adioses vagabundos/ Muy lejos de las manos de la tierra/ Y todo lo que dice es por él inventado" (p.406). Tal hecho, no obstante, genera la posibilidad de que Altazor-hombre-poeta-mago se considere un nuevo "Dios".

> Nietzsche fue la voz disidente: frente a la idea del tiempo y de la historia como avance sin fin, proclamó el eterno retorno; al anunciar la muerte de Dios, reveló el carácter insensato del universo y de su pretendido rey, el hombre. Como el poeta Nietzsche era también un filósofo, no resistió a la doble tentación, poética y filosófica, de la profecía y vaticinó la aparición del "nihilista acabado" o perfecto, una figura en la que el ser insensato y el sentido vacío de ser al fin disolverían su oposición: el superhombre[27].

Semejante "Dios", en el contexto altazoriano, se proyecta, en su condición inicial, como entidad dolorosa que deambula a través de todos los espacios intentando recobrar su naturaleza edénica y, al mismo tiempo, asumiendo una actitud de separación respecto al dios cristiano. Recordemos que Altazor-dios es también el Altazor-ángel salvaje que se ha excomulgado voluntariamente de los dogmas cristianos: "Soy el ángel salvaje que cayó una mañana/ En vuestras plantaciones de preceptos" (p.393). No en vano Altazor se desdobla en múltiples personajes hasta llegar al Canto VII, cuyas ramificaciones simbólicas señalan hacia un viaje al principio, una especie de regreso ilimitado.

> It is a picture of Eden. The motif is one of invitation, not expulsion; the processes are centripetal, notcentrifugal; con-

> centric, not eccentric. It is a picture of the conjugation (indeed the copulation) of all things, of all the fragments of time, of the peripheral, of the historical, returning to the source- an in-gathering, a reintegration of power[28].

La imagen de la conjunción de todas las cosas es, precisamente, el punto de referencia del Canto VII. El Canto VII como etapa formativa no sólo del mundo sino también del lenguaje: androginia, naturaleza indiferenciada. Por ello, el poeta ha tenido que sobrepasar distintos niveles de concienciación para que, en su transformación final, en su ritual de vocablos sin sombra, aparezca el clima del paraíso. Un paraíso que es un mundo en su argamasa embrionaria. Altazor-pájaro, como eje de todas las transformaciones altazorianas, vuela hacia ese centro primordial sublimizándolo.

En el poema existen muchos signos de indicio de que el protagonista poemático va a convertirse en pájaro en su fase final. Veamos los versos siguientes tomados de los diferentes Cantos del poema. En el "Prefacio" el poeta nos dice: "Tenía yo un profundo mirar de pichón..." (p.381). Recordemos que el propio título nos revela eldesdoblamiento más importante de este protagonista: Altazor= alto azor. No es difícil discernir que ésta ha de ser su última caracterización. En el Canto I, cuando le habla a una entidad que parece ser el Creador, le pregunta: "¿Qué has hecho de mi voz cargada de pájaros en el atardecer/ La voz que me dolía como sangre?" (p.389). Luego, como si ya tuviese conciencia de que su viaje va a trazar una trayectoria ascendente, profetiza: "Los veleros que parten a distribuir mi alma por el mundo/ Volverán convertidos en pájaros/ Una hermosa mañana alta de muchos metros" (p.399). Esta experiencia a través de un universo que percibe como "sistro revelador" (al igual que su cerebro), este viaje en paracaídas, viaje mental y espiritual alunísono, lo empuja a decir: "Un escalofrío de pájaro me sacude los hombros/ Escalofrío de alas y olas interiores" (p.399). En el Canto II le dice a su amada: "Estás atada al ruiseñor de las lunas/ Que tiene un ritual sagrado en la garganta" (p.402). En el siguiente Canto, el poeta vuelve a profetizar: "El arco iris se hará pájaro/ Y volará a su nido canatando" (p.405). En el Canto IV, reiterando esta idea que hemos venido desarrollando, Altazor afirma: "Mis ojos han visto la raíz de los pájaros" (p.416) y, hacia el final del Canto, es más enfático aún: "El pájaro tralalí canta en las ramas de mi cerebro/ Porque encontró la clave del eterfinifrete" (p.417). Al llegar al Canto V, el poeta ya no tiene dudas de que "cada árbol termina en un pájaro extasiado" (p.421). La experiencia pre-adánica del "campo inexplorado" (Canto V) lleva al protagonista poemático a vanagloriarse proclamando: "Soy el único cantor de este siglo/ Mío mío es todo el infinito/ Mis mentiras huelen a cielo/ Y nada más" (p.429). En el Canto VI, siguiendo la praxis de crecido desarraigo gramatical en el que la lengua tiene como objetivo ayudar a crear nuevas realidades y asociaciones, Altazor confirma: "Ancla mía golondrina/ Sus resortes en el mar" (p.434) para llegar a ese "gloria trino/ sin desmayo" (p.435). "Trino" que ha de guiarlo a su nueva naturaleza y a un nuevo conocimiento de su vértebra espiritual. Finalmente, en el Canto VII, el protagonista se proyecta como pájaro que "ulula": "Ululayu/ lulayu/ layu yu/ Ululayu/ ulayu/ ayu yu/ Lunatando" (pp.436-437).

El poeta-protagonista se ha desatado de todas las cosas que lo mantenían sujeto a su realidad corporal/terrenal para ascender (en sentido de "regreso") a un *lenguaje del principio* convertido en pájaro. Altazor-pájaro alcanza la naturaleza en metamorfosis de la poesía al desplegar su clima ululacente. El Canto VII es la representación simbólica de la reintegración-retorno del protagonista (fin y finalidad del peregrinaje) a la naturaleza indiferenciada, libre, no-contradictoria del principio. Terminan, con ello, las vivencias contracitorias del protagonista al llegar a la zona de su origen.

El protagonista y la "caída"

Tomando las observaciones anteriiores en consideración, indaguemos sobre la fenomenología simbólica de la "caída" altazoriana. Obviamente, la caída del poeta está íntimamente relacionada con la caída paradisíaca. El peso de toda una tradición simbólica-cristiana entra al poema. Sin embargo, hay contradicción en cuanto a la manera en que se enfoca la concepción de la caída en el mismo. Por un lado, la caída , enfocada a través de códigos sémicos tradicionales, denota, entre otras nociones, "desgracia", "desobediencia", "deshaucio", "alejamiento de Dios", "olvido de su origen y naturaleza divinos", "muerte". Todos estos vocablos encierran relaciones sémicas de una naturaleza negativa que también se encuenrtan en el texto: "La vida es un viaje enparacaídas y no lo que tú quieres creer" (p.384), es un ejemplo de ello. A esta visión desoladora, el poeta-protagonista opone (o propone) una cosmovisión positiva de la caída que se va articulando, gradualmente, a través de versos tan categóricos como los siguientes: "Soy yo Altazor el del ansia infinita/ Del hambre eterno y descorazonado" (p.387); "Quiero la eternidad como una paloma en mis manos" (p.389); "Dadme el infinito como una flor para mis manos" (p.389). En tal sentido, la caída no hará otra cosa que generar la posibilidad de transformar en "subida" (ese "parasubidas maravilloso" mencionado desde el "Prefacio") el nuevo orden simbólico articulado por el protagonista. De allí estriba que éste pueda verse "Liberado de este trágico silencio entonces/ En mi propia tempestad/ Desafiaré al vacío/ Sacudiré la nada con blasfemias y gritos/ Hasta que caiga un rayo de castigo ansiado/ Trayendo a mis tinieblas el clima del paraíso" (p.391). Kenneth Burke ha indicado al respecto: "the idea of the fall is but the idea of Order translated into terms of the prime problem inherent in order"[29].

La caída asume entonces un papel reconciliador, espiritualizador y salvador para el ser que la experimenta ya que no puede cristalizarse tal caída sin potencializarse su movimiento contrario: la subida. El espíritu se hace carne para volver a enfrentarse a fuerzas antagónicas, con el propósito de trascenderlas, que lo mantenían atado (siendo espíritu) a la fenomenología de su materialidad y a la dialéctica que implicaba la dicotomía *materia/espíritu* que se volcaba en su interior. Es, en sí, el movimiento de la conciencia hacia el recuerdo de su principio divino. Como el propio poeta-protagonista confiesa en el Canto I:

> Sufro me revuelco en la angustia
> Sufro desde que era nebulosa
> Y traigo desde entonces este dolor primordial en las células
> Este peso en las alas
> Esta piedra en el canto
> Dolor de ser isla
> Angustia subterránea
> Angustia cósmica
> Poliforme angustia anterior a mi vida (p.392)

Más adelante, en el propio Canto I, el protagonista expresa las consecuencias de esta dicotomía:

Un hastío invade el hueco que va del alba al poniente
Un bostezo color mundo y carne
Color espíritu avergonzado de irrealizables cosas
Lucha entre la piel y el sentimiento de una dignidad debida y no otorgada
Nostalgia de ser barro y piedra o Dios
Vértigo de la nada cayendo de sombra en sombra
Inutilidad de los esfuerzos fragilidad del sueño (pp.395-396)

En el poema que analizamos, el vivir perseguido por las garras de una naturaleza contradictoria provocó la decisión del protagonista de alejarse de Dios, de proclamar la "muerte" de Dios, reconociendo en ese mismo acto de desobediencia la aceleración de su caída y, simultáneamente, la articulación de su poética (consciente de las "irrealizables cosas", de la "lucha", de la "nostalgia de ser Dios" y "nada", de la "inutilidad de los esfuerzos"). A pesar del aura de negatividad que expresa la noción de "caída", elprotagonista retoma como suya la dialéctica de los contrarios para corroborar la posibilidad de su propia salvación en esa caída que es "subida", ascenso, desde una perspectiva (la poética) que tanto se acerca como se aleja de los significados que el cristianismo otorga a estos términos. Esta dialéctica de los contrarios presupone, a su vez, que el movimiento oscilante y contradictorio dela trayectoria altazoriana sea, verdaderamente, una "trayectoria del ser", un peregrinaje espiritual. Esta realización poemática nos ayuda a equiparar, en parte, la visión poética altazoriana de la caída no sólo a esquemas religiosos tradicionales sino también a proyectos filosóficos desarrollados durante el siglo XIX que utilizan tales esquemas[30].

La aparición de una creación (ascenso) levantada de las cenizas de lo viejo (caída) es, esencialmente, el factor que articula la desconvencionalización del símbolo "caída" en "subida": es *la caída en que se sube* y/o *el subir en que primeramente se cae*. El objetivo creador que yace implícito en la noción "caída/subida" nos revela que, en resumidas cuentas, la caída altazoriana no es una caída física sino un caerse hacia dentro de sí mismo para, de tal forma, recuperar la trayectoria del retorno hacia la sagrada zona de la poesía. Al respecto, Barth certeramente ha dejado señalado: "The poet's experience is often itself an encounter between himself and the sacred"[31]. Ahora bien, la "subida" altazoriana engloba, en su complejo simbolismo contradictorio, el afán del poeta-protagonista por obliterar la sombra del Dios cristiano.

Hans Küng, en su reciente y vasto estudio sobre la existencia de Dios, al analizar la visión nietzscheana se interroga: "How can the shadow of God be obliterated, how can his traces be effaced, all consequences of belief in God eliminated? Only when man himself rises above himself, enters into a 'higher history', becomes equal to the 'gods'"[32]. Sólo cuando el protagonista altazoriano logre obliterar la sombra de Dios podrá "alzarse sobre sí mismo" y recobrar la naturaleza propia de un "dios", una naturaleza creativa ilimitada, infinita en la combinación de sus probabilidades. El poema, en efecto, se presenta, por un lado, como un largo grito existencial en el cual el protagonista viaja (o vuela) buscando la plenitud de su ser: "¿Por qué soy prisionero de esta trágica busca?/ ¿qué es lo que me llama y se esconde/ Me sigue me grita por mi nombre/ Y cuando vuelvo el rostro y alargo las manos de los ojos/ Me echa encima unaniebla tenaz como la noche de los astros ya muertos?" (p.391). Al mismo tiempo, el viaje altazoriano es una prueba heroica desde la cual el protagonista (como peregrino en la altura) mitologiza y desmitologiza la visión de la caída paradisíaca. La visión contradictoria y oscilante de la caída como "caída" y "subida" a la vez es una necesidad espiritual para el protagonista ya que representa el grado más alto de unión de los contrarios. Desde una perspectiva existencialista kierkegaardiana, el mito de la caída termina siendo:

> ...an outward image of inner reality and reenacts the dilemma of the self or soul, which must mediate between the heavenly innocence of aesthetic human potentials and the mundane guilt of actual ethical accomplishments. We inevitably fall into sin and guilt whenever lofty possibility meets earthly limitations... Yet not toventure, to try to escape the crucifix of finite-infinite brings us only "a sickness unto death". The person who declines to embrace ambiguity or to make the existential leap from aesthetic vision to ethical action will sicken from unrealized potentials. So each must choose and fall in "fear and trembling" since "each person becomes great in proportion to his expectation" and must commit himself despite anxiety[33].

En el *Altazor* la trascendencia de la experiencia poética que experimenta el protagonista no se debe, en modo alguno, a que ésta sea un escape, un mero alejarse de Dios y de todo condicionamiento socio-cultural ya que, en definitiva, no lo es. Más bien, la trascendencia altazoriana vista desde la noción de "subida" es el resultado directo del enfrentamiento del protagonista con las más poderosas limitaciones posibles: Dios, la Historia, el Lenguaje, la Cultura. No hay enajenamiento, en sentido estricto, como tampoco hay una naturaleza carente de espíritu (como, por ejemplo, en el Abraham bíblico) operando en el poema. El movimiento propiamente enajenante sería un error, como lo ha comprobado Taylor en su estudio[34].

Yúdice, por su parte, enlaza la trascendencia poética altazoriana a la noción de "trascendencia vacua". Este enfoque nos parece acertado. Yúdice nos hace recordar el entronque intertextual del poema: la similitud entre el protagonista Altazor y los grandes protagonistas satánicos de Milton, Goethe y Lautréamont[35]. Al mismo tiempo, procede a especificar el significado de la caída en el poema: "En *Altazor* la caída no sólo es desmistificación sino una alternancia entre desmistificación/mistificación. El proceso es análogo al intento de 'crear' un lenguaje nuevo y absoluto, el lenguaje 'auténtico' a que se refiere De Man, frente al lengauje inaténtico, mistificado"[36]. Para nosotros, el posible fracaso de la aventura celeste (la caída) se transforma en aventura trascendente y sublime (la subida) en la medida en que a lo largo del poema se destruyen las lenguas muertas (y, con ello, las amarras limitantes de las convenciones lingüísticas, religiosas y culturales) con el propósito de revivirlas (proceso dialéctico que implica ruptura pero tan sólo si se ve en relación a algo "organizado"). Ese es el proceso innovador de la poética altazoriana: caer "en música sobre el universo" (p.385).

Un símbolo-eje: el paracaídas

La segunda parte del título del poema, "o el viaje en paracaídas", nos revela la naturaleza ambivalente y contradictoria de la experiencia altazoriana. Si bien el "alto azor" nos sugirió una cosmovisión optimista y positiva de la trayectoria del protagonista, en esta alternativa (nótese la conjunción disyuntiva "o") queda sugerida, primeramente, una cosmovisión negativa. Creemos que esto se debe, en gran medida, al hecho de que siempre se ha estudiado la significación del "paracaídas" tomando en cuenta tan sólo su función utilitaria. No debe sorprender a nadie, por ello, todas las interpretaciones que describen el viaje de Altazor como "descenso", "caída", "destrucción" y "muerte". Nuestro propósito es determinar la función indudablemente simbólica del paracaídas dentro del discurso poético altazoriano. El valor simbólico de "viaje" queda enmarcado dentro de la vertiente positiva y ascendente queseñalamos cuando hablábamos del personaje-símbolo y de la convención que representa su "peregrinaje". Se puede argüir, por lo tanto, que la noción "caída/subida" que elaboramos en el apartado anterior está interrelacionada con la inversión simbólica "paracaídas/parasubidas".

Veamos, pues, cómo se enfoca la simbología del paracaídas observando la dicotomía entre la función utilitaria del paracaídas y su función simbólica:

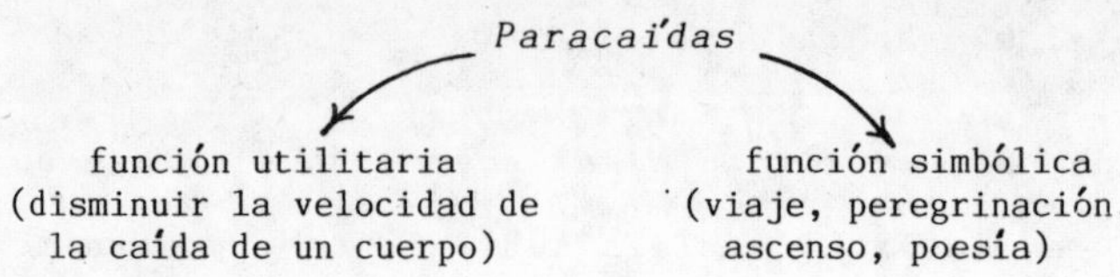

El orden simbólico se establece por correlación general de lo utilitario con lo simbólico y el consiguiente despliegue de sus significados. Nótese, sin embargo, la ambivalencia del símbolo. Por su función utilitaria, denota "descenso", "caída". Por su función simbólica, implica "ascenso", "evolución". Desde tal perspectiva, el nivel de mayor tensión simbólica se pone de manifiesto cuando equiparamos *paracaídas* con *poesía*.

El poeta-protagonista necesita un paracaídas porque él también representa al Hombre en toda la extensión de su angustia existencial. Al verse expulsado del orden divino (mito paradisíaco de la caida), el poeta toma su paracaídas no sólo para poder suavizar la velocidad de su descenso (decelerar su muerte) sino también para buscar ese lenguaje original que lo salvará de la anguatia, de la soledad y de las limitaciones implacables a las cuales ha sido lanzado. Simbólicamente, el paracaídas le sirve de arma espiritual. Se entiende, entonces, por qué la "caída paradisíaca" era un descenso absolutamente necesario para la "subida" del protagonista. Con su paracaídas, el poeta puede trasladar la base utilitaria y analítica de la "lengua" a una cima poética que ruptura el viejo orden limitador: el parasubidas maravilloso. Bien mirado, el paracaídas se confirma como símbolo del eje del mundo (como la escalera o el árbol).

Tenemos, pues, la reversibilidad de la función utilitaria del paracaídas en función simbólica. Tal reversibilidad es una especie de alquimia verbal cuya búsqueda se orienta hacia un *lenguaje del principio*.

Desde un punto de vista algo distinto, puede asociarse el hecho de que el protagonista haya elegido, como instrumento para llevar a cabo su viaje, un paracaídas y no un caballo o algo similar (como era de esperarse de un héroe arquetípico)[37], a la ideología estética futurista que, sin duda, el protagonista también ha asimilado. Esta observación que, a primera vista, parece harto trivial, es fundamental para el correcto entendimiento de la cosmovisión altazoriana. Con ella, podemos considerar el símbolo "paracaídas" como una versión moderna del simbolismo del "viaje". Usando una cita de Bigelow, podemos empezar a percibir el importante papel que desempeña la noción de modernidad en la elección de este símbolo-eje: "Modern symbolism has two wholly novel characteristics which, when emphasized, distinguish it from older symbolisms of the allegorical kind: (1) it is for the first time symbolism which has become self-conscious, and (2) it is symbolism imbued with the modern time sense"[38]. La segunda característica que destaca Bigelow es, sin temor a equivocarnos, la que enmarca el símbolo "paracaídas" en el poema ya que éste es un invento del presente siglo y algo completamente asociado ala era tecnológica. Contrario a la opinión desfavorable que tiene el autor de *Altazor* respecto a la "estética de la máquina", aquí el paracaídas es un arma de reconciliación y de trascendencia para el poeta-protagonista. El paracaídas es la metáfora dela expresión poética altazoriana. Paz describe este acierto metafórico de la amnera siguiente: "idioma de aviador: las palabras son paracaídas que se abren en pleno vuelo"[39].

En la medida en que la metáfora "paracaídas=poesía" exhibe una mutua correspondencia entre sus términos, podemos asociar las oscilaciones de la trayectoria del protagonista (en su paracaídas) con las oscilaciones de su propia conciencia histórica y dialéctica. Tendríamos una doble metáfora que gira alrededor de la imagen del paracaídas (*paracaídas=poesía=conciencia del protagonista=parasubidas)*. Aquí hay una analogía perfecta: paracaídas/parasubidas: conciencia del protagonista/ poesía, donde los términos de la analogía son intercambiables[40]. Si no hubiera interrelación, o sea, un lazo unitivo entre estos elementos, tendríamos un núcleo metafórico "fragmentado" y, desde luego, desprovisto de todas las incidencias de tensión (trcpológicas, simbólicas e ideológicas) que asimila y articula la poética altazoriana.

Podría conjeturarse, bajo otra perspectiva, que el paracaídas (la poesía) es también motivo de angustia y de dolor para el protagonista: es su martirio. Esto nos llevaría a hacer una analogía entre los simbolismos de la "cruz" y del "paracaídas". Hay una evidente equiparación entre los protagonistas de ambas realizaciones simbólicas: Cristo/Altazor. Obsérvese, por ejemplo, que el protagonista altazoriano se hace llamar el "pastor de aeroplanos" (p.383). Como en la pasión y muerte del Cristo redentor, hay martirio, muerte y descenso (de una naturaleza simbólica) pero tales hechos conllevan una transformación positiva, remotivadora, de los elementos negativos que le precedieron: el ascenso en ambos casos citados. La simbología de la cruz, con su referente histórico-cristiano, ratifica su ambivalencia a través de la conjunción de los contrarios que encontramos en su complejo simbolismo. La cruz como eje del mundo es una variante del símbolo universalmente aceptada. No obstante, por su indudable dualidad, responde a características tanto positivas como negativas. Para René Guénon, "the cross truly symbolizes the union of the active and passive principles"[41]. Ad de Vries la describe como "three-dimensional: zenith to nadir: the world-axle"[42].

Si adaptamos esta interpretación de la cruz al poema bajo estudio, comenzamos a comprender por qué el poeta-protagonista es un ser anguatiado, agónico (especialmente, en el Canto I). La lucha del protagonista es, fundamentalmente, una lucha con el lenguaje: "Anda en mi cerebro una gramática dolorosa y brutal/ La matanza continua de conceptos internos/ Y una última aventura de esperanzas celestes/ Un desorden de estrellas imprudentes/ Caídas de los sortilegios sin refugio" (p.391)[43]. Si la cruz es también el "eje del mundo", ese eje, para el protagonista, ha sido desplazado dentro de un mundo transido por las experiencias bélicas de la primera guerra mundial: "Ya la Europa enterró todos sus muertos/ Y un millar de lágrimas hacen una sola cruz de nieve" (p.387). Ahora bien, la cruz no sólo se reduce a un plano negativo, a una parodia que tiene poca vigencia en un mundo irremediablemente hostil y doloroso:

> Seguir del dolor al dolor del enigma al enigma
> Del dolor de la piedra al dolor de la planta
> Porque todo es dolor
> Dolor de batalla y miedo de no ser
> Lazos de dolor atan la tierra al cielo las aguas a la tierra
> Y los mundos galopan en órbitas de angustia (p.390)

sino también es el "gran recuerdo pegado a los ocasos del mundo" (p.427). La cruz es, al fin y al cabo, como diría Guénon: "a system of coordinates to which the whole of space can be referred"[44]. La compleja serie metafórica iniciada por el símbolo "paracaídas" traza, en sí, un sistema de coordenadas cuyo espacio es infinito.

NOTAS

[1]Respecto a la noción de "polisemia" seguimos en sus líneas generales el enfoque que expone Paul Ricoeur, enfoque que, por su parte, toma de la obra de Stephen Ullmann, *Principles of Semantics* (Glasgow: University Publications, 1951). "This phenomenom signifies that in natural languages the identity of a word in relation to other words at the same time allows an internal heterogeneity, a plurality, such that the same word can be given different acceptations according to its contexts. This heterogeneity does not destroy the identity of the word (as does homonymy) because 1) these meanings can be listed, that is, identified by synonymy; (2) they can be classified, that is, referred to classes of contextual use; (3) they can be ordered, that is, they can present a certain hierarchy that establishes a relative proximity and thus a relative distance of the most peripheral meanings in relation to the most central meanings; (4) finally and above all, the linguistic consciousness of speakers continues to perceive a certain identity of meaning in the plurality of acceptations. For all these reasons, polysemy is not just a case of vagueness but the outline of an order and, for that very reason, a counter-measure to imprecision", Ricoeur, *The Rule of Metaphor* (Toronto: University of Toronto Press, 1979), p.115. Consúltese, además, en el citado libro de Ullmann, "Multiple Meaning and Semantic Pathology", pp.106 y ss.

[2]Bousoño, *Teoría de la expresión poética, I*, p.273.

[3]J. Robert Barth, *The Symbolic Imagination* (Princeton: Princeton University Press, 1977), p.18.

[4]Juan-Eduardo Cirlot, *Diccionario de símbolos* (Barcelona: Editorial Labor, 1969), p.100.

[5]Cooper, *An Illustrated Encyclopedia of Traditional Symbols* (New York: Thames and Hudson, 1979), pp.20-21.

[6]Ramón Xirau, *Poesía iberoameicana contemporánea* (México: Sep/Setentas, 1972), p.37.

[7]Cirlot, p.32.

[8]Suzanne Nalbantian, *The Symbol of the Soul from Höelderlein to Yeats* (New York: Columbia University Press, 1977), p.3.

[9]Ralph Waldo Emerson, "The Over-Soul", *Selected Writings*, Modern Library Edition (New York: Random House, 1950), p.265.

[10]Nalbantian, pp.29-30.

[11]Mark C. Taylor, al analizar el concepto de poeta en Kierkegaard señala: "The poet's thought and being, language and life, ideality and reality, do not coincide, but contradict one another", *Journeys to Selfhood: Hegel & Kierkegaard* (Berkeley: University of California Press, 1980), p.93. Más adelante (p.97), Taylor explica, en forma breve, el por qué Kierkegaard escribe obras bajo seudónimo. Este hecho, aunque no lo parezca, nos ayuda a entender la interrelación (Huidobro-Altazor) de nuestro poema. Según Taylor, Kierkegaard utiliza seudónimos para poder brindar una respuesta a ese objeto poético que así se lo demanda. Citamos: "He explains that 'a pseudonym is excellent for accentuating a point, a stance, a position. It creates a poetic person'. The 'poeticized personalities' who act out the pseudonymous production are 'personified possibilities'- imaginative projections of fantastic, fictitious forms of life that can serve as models for the despairing person's self-interpretation and self-judgement", *Ibid.*, pp.97-98. "Altazor", en tal contexto, vendría a ser un seudónimo del autor.

[12]Bousoño, *El irracionalismo poético (El símbolo)*, p.169.

[13]*Ibid.*, p. 170.

[14]Nos parece importante dejar señalado aquí la objección que manifiesta J.A. Martínez hacia las figuras inventariadas por Bousoño: la "imagen visionaria" y la "visión". Para Martínez, "la distinción *imagen visionaria/visión* se corresponde exactamente con la de *metáfora in praesentia/metáfora in absentia* tradicional", *Propiedades del lenguaje poético* (Oviedo: Imprenta "La Cruz", 1975), p.407. Más adelante especifica: "Bousoño, que decía que no iba a distinguir entre 'metáfora' (i.e. 'metáfora' *in absentia)* e 'imagen' (i.e. 'metáfora' *in praesentia)*, distingue ahora *visión* de *imagen visionaria. Estas dos distinciones son, realmente, la misma cosa.* La otra distinción entre 'Imágenes visionarias' (o contemporáneas) e 'Imágenes tradicionales', ya vimos que era, en realidad, una distinción entre *figuras poéticas* (no lexicalizadas) y 'figuras' *de uso*. Pero lo que no se puede hacer- como ha haecho Bousoño- es identificar las primeras con las 'imágenes contemporáneas' y las segundas con las 'tradicionales'. No hay por qué distinguir, pues, dos 'nuevas figuras': las llamadas *Visión* e *Imagen visionaria* no son sino Metáforas (no codificadas) con Imagen bien del tipo I (*in absentia)*, bien del tipo II (*in praesentia)*. Nada más", *Ibid.*, p.417.

[15]Joseph Campbell, *The Hero with a Thousand Faces* (Princeton: Princeton University Press, 1968), p.35.

[16]Maturo, *Claves simbólicas de Gabriel García Márquez* (Buenos Aires: Editorial Fernando García Cambeiro, 1972), p.45.

[17]Nalbantian, en su estudio del simbolismo del alma en Keats y Shelley, señala: "The soul is the seat of man's rebellion against the powers that have consigned to him the human chains. It is to be noted that in its rebellion, the soul does not rebel against something that is alien to it..." (Nalbantian, p.44).

[18]Harold Bailey, *The Lost Language of Symbolism* (New York: Barnes & Noble, 1952), p.178.

[19]Gerald L. Bruns al hablarnos sobre los poetas simbolistas señala: "...the poet does indeed become a kind of Orpheus... whose song shields the world against the void into which ordinary speech seeks to cast it" (*Modern Poetry and the Idea of Language*, p.201).

[20]Cirlot, p.69.

[21]Aludimos aquí a un ensayo de Octavio Paz del mismo título donde dice: "Y quizá nuestros actos más significativos y profundos no sean sino la repetición de este morir del feto que renace en criatura. En suma, el 'salto mortal', la experiencia de la 'otra orilla', implica un cambio de naturaleza: es un morir y un nacer. Mas la 'otra orilla' está en nosotros mismos. Sin movernos, quietos, nos sentimos arrastrados, movidos por un gran viento que nos echa fuera de nosotros. Nos echa fuera y, al mismo tiempo, nos empuja hacia dentro de nosotros. La metáfora del soplo se presenta una y otra vez en los grandes textos religiosos de todas las culturas: el hombre es desarraigado como un árbol y arrojado hacia allá, a la otra orilla, al encuentro de sí. Y aquí se presenta otra nota extraordinaria: la voluntad interviene poco o participa de una manera paradójica. Si ha sido escogido por el gran viento, es inútil que el hombre intente resistirlo. Y a la inversa: cualquiera que sea el valor de las obras o el fervor de la plegaria, el hecho no se produce sino interviene el poder extraño. La voluntad se mezcla a otras fuerzas de manera inextricable, exactamente como en el momento de la creación poética", *El arco y la lira*, pp.122-123.

[22]Bloom, *The Anxiety of Influence*, p.21.

[23]Cirlot, p.249.

[24]Jaime Concha, "'Altazor', de Vicente Huidobro", *Vicente Huidobro y el creacionismo*, p.290.

[25]Volviendo a Lacan, podrían enlazarse los aspectos contradictorios de la personalidad altazoriana a los efectos que provoca la búsqueda de lo primordial (ya sea en un plano biológico o lingüístico): la búsqueda del "estadio del espejo". Desde allí recobrará su *ideal-Ich* o *je-ideal*. El problema resulta, tanto para el analista como para el individuo, en este caso, para Altazor, que "esta forma sitúa la instancia del *yo*, aun desde antes de su determinación social, en una línea de ficción, irreductible para siempre por el individuo solo; o más bien, que sólo asintóticamente tocará el devenir del sujeto, cualquiera que sea el éxito de las síntesis dialécticas por medio de las cuales tiene que resolver en cuanto yo (je) su discordancia con repecto a su propia realidad", *Escritos, I*, p.12.

[26]En la crónica "Yo" (en *Pasando y pasando)*, Huidobro dibuja un cuadro realista pero negativo de lo que fue su vida de estudiante con los jesuitas: "Ahí sufrí mi primer desengaño. Había creído que los sacerdotes eran siempre gente dulce, amable y cariñosa... y me encontré con unos padres enojones, estrictos, iracundos y muy castigadores" (p.651). Esta experiencia del autor durante su niñez entra al poema en boca del protagonista, Altazor.

[27]Paz, *El signo y el garabato*, p.27.

[28]Walter M. Spink, *Axis of Eros* (New York: Penguin Books, 1975), p.104.

[29]Burke, "Words Anent Logology", *Perspectives in Literary Symbolism*, Joseph Strelka, ed. (London: pennsylvania State University Press, 1968), p.81.

[30]Nos referimos, en específico, a los proyectos filosóficos de G.W.F. Hegel (i.e. en *Phenomenology of Spirit)* y de Soren Kierkegaard (i.e. en *Stages on Life's Way)*. Para ambos, "the central figure of the Christian religion is, in some sense, revelatory of authentic human existence. Jesus embodies and discloses the normative structure of selfhood to be realized in the life of the believer. Consequently, for Hegel and for Kierkegaard the journey to selfhood is a spiritual pilgrimage that reenacts 'the entire eschatological drama of destruction of the old creation, the union with Christ, and the emergence of a new creation'", en Taylor, *Journeys to Selfhood: Hegel & Kierkegaard*, p.14.

[31]Barth, *Op. cit.*, p.122.

[32]Hans Küng, *Does God Exist?* (New York: Vintage Books, 1981), p.374.

[33]Citado en Hampden-Turner, *Maps of the Mind*, p.54.

[34]Taylor, al exponer en elsegundo capítulo de su libro, "Spiritlessness of the Age", el análisis hegeliano de la relación entre religión y alienación, nos expone la historia del Abraham bíblico como ejemplo de esta "carencia de espíritu": "As a memeber of the created order, Abraham stood opposed to the wholly other God upon whom he was absolutely dependent. The positive relation... whose demands upon the individual are infinite" (*Op. cit.*, p.39). Es, precisamente, este tipo de servidumbre perpetua lo que rechaza Altazor pues sabe que "the infinity of the demands placed upon the individual by this authoritarian Master necessarily leads to the final and msot excruciating aspect of estrangement- the alienation of the self from itself" (*Ibid.*, p.40).

[35]Yúdice, *Vicente Huidobro y la motivación del lenguaje*, p.157.

[36]*Ibid.*, p.165.

[37]Debemos recordar, con Bigelow, que "the archetype is not the actual symbol, it is the node of energy and the formative principle underlying and sending up the symbol from the collective unconscious" (*The Poet's Third Eye*, p.63).

[38]*Ibid.*, p.27.

[39]Paz, *Los hijos del limo*, p.185.

[40]Walter Hinderer, en su "Theory, Conception and Interpretation of the Symbol", reafirma: "The multivalence of the symbol results from the principle of the analogy, out of the manifold correlative chains which accumulate meaning", en *Perspectives in Literary Symbolism*, p.96.

[41]Guénon, *The Symbolism of the Cross* (London: Luzac & Company, 1958), p.94.

[42]Ad de Vries, *Dictionary of Symbols and Imagery* (Amsterdam: North-Holland Publishing, 1974), p.119.

[43]Harold Bloom, en su más reciente libro, describe este sentido agónico de lucha como *agon*: "the struggle between adverting subject or subjectivity and the mediation that consciousness hopelessly wills language to constitute. In this agon, this struggle between authentic forces, neither the fiction of the subject nor the trope of language is strong enough to win a final victory. There is only a mutual Great Defeat, but that Defeat itself is the true problematic, the art of poetry and the art of criticism", *Agon* (New York: Oxford University Press, 1982), p.29.

[44]Guénon, p.21.

V. LA EXÉGESIS MÉTRICA-SEMÁNTICA

Introducción a la métrica altazoriana

Este apartado analiza cómo la ideología de la ruptura, factor que activa y forma parte de todos los niveles del discurso altazoriano, influye decisivamente en las estructuras métricas del poema. Para enfrentarnos a las complejidades métricas del poema, hemos consultado una extensa variedad de estudios y enfoques métricos con miras a descifrar, aunque sin pretensiones totalizadoras, lo que llamamos "la exégesis métrica-semántica altazoriana".

En primer lugar, Huidobro muestra fidelidad a la tradición (en este caso, al uso de patrones métricos tradicionales) así como rechazo y trascendencia de la misma. El autor, salvo en algunos ejemplos que señalaremos más adelante, rompe sus ataduras con la preceptiva de la métrica tradicional que siempre buscaba quedar enmarcada dentro de rígidas correspondencias rítmicas y estróficas. En este poema impera, esencialmente, el anhelo de libertad absoluta. Nótese, sin embargo, que este anhelo de libertad no responde a un sentimiento caprichoso sino al conocimiento, por parte del poeta, de que la base rítmica del verso libre que maneja exige tal libertad. La libertad, pues, como sinónimo de la ideología de la ruptura que se activa en *Altazor*, exige un cambio o reestructuración de las materias rítmicas y estróficas del poema para poder representar, métricamente, la época en que le toca vivir a Huidobro[1]. La libertad entonces fija su propia trayectoria, su propio movimiento ondulatorio y ascensional, su propio sistema de correspondencias entre carga psíquica y plasmación lingüística.

El ritmo de la naturaleza, dentro del espacio que recorre Altazor, también sufre cambios porque el poeta no quiere simplemente copiar o describir a la naturaleza como tal sino que busca transformarla[2]. Este anhelo y esta inquietud, convertidas en contemplación dinámica dentro de los espacios del discurso, son para el protagonista altazoriano algunos de los elementos indispensables que genera la poesía cuando es auténtica.

Definiciones del verso ante el verso altazoriano

Ahora bien, antes de entrar de lleno en el análisis métrico, creemos indispensable examinar algunas de las definiciones que estudiosos de la métrica han formulado respecto al "verso". Nuestro propósito es establecer un punto intermedio, de contacto, entre tales definiciones y lo expuesto por nosotros al hacer el análisis métrico-semántico de *Altazor*.

Para don Tomás Navarro Tomás, la autoridad de más prestigio en el campo de la fonología y métrica españolas, el verso es "una serie de palabras cuya disposición produce un determinado efecto rítmico"[3]. Esto, claro está, es cierto, pero nosotros pretendemos analizar la métrica altazoriana no sólo bajo una perpspectiva rítmica sino también semántica. Kayser, por su lado, en la ya clásica *Interpretación y análisis de la obra literaria*, define el verso de la siguiente manera:

> El verso hace de un grupo de unidades menores de articulación (las sílabas) una unidad ordenada. Esta unidad se trasciende a sí misma, es decir, exige una continuación. Como ya hemos indicado, el orden en la unidad del verso se realiza de diversos modos. Un lector español está habituado a que el orden consista en un número determinado de sílabas y en la fijación de algunos acentos[4].

Kayser, al señalar esta noción de continuidad rítmica inherente en todo verso, pasa a indicar la etimología de la palabra *verso*, constituyéndose, de tal manera, en precursor de las ideas de Jean Cohen[5]. Cohen, precisamente, señala que "todo verso es 'versus', o sea, retorno. Por oposición a la prosa ('prorsus') que avanza linealmente, el verso vuelve siempre sobre sí mismo"[6]. Si el verso es como dice Cohen, "una estructura fono-semántica"[7], resulta obvio que debemos analizar la conceptualización del verso como entidad semántica. Es decir, ¿cómo aparece lo semántico en la estructura del verso? ¿Qué factores determinan la "realidad semántica" del verso? Cohen pasa a señalar que la "versificación parece que invierte las reglas del discurso normal, pues impone una pausa allí donde el sentido no la admite y no hace pausa donde el sentido la exige"[8]. Esto provoca una discordancia entre pausas métricas y pausas semánticas; mas no, por eso, es menos válido un análisis de la semántica del verso. Estamos de acuerdo con Cohen de que el verso es antigramatical (la "antifrase")[9] pero es, precisamente, esta desviación del verso respecto a lo gramaticalmente aceptado lo que debe hacernos analizar la estructura semántica que encierra. Como termina afirmando Cohen, la versificación es una "forma de debilitar las estructuras del discurso"[10]. Este debilitamiento entra en juego cuando se confirma la "tensión" que conlleva el enfrentamiento, dentro del verso, de los componentes fónicos y semánticos de la lengua. El *sonido* y el *sentido* luchan por superarse mutuamente pero, en todo caso, uno no puede existir sin el otro. No obstante, pensamos que el sentido desempeña una función tanto o más activa que el sonido en la estructuración del verso y, por ello, amerita interrelacionarlo a los aspectos puramente métricos del verso. J.A. Martínez, por su parte, muestra afinidad con el enfoque de Cohen al afirmar:

> El verso, pues, independiente en principio de "metro", "rima" y "ritmo", constituye una "figura" en la medida en que se desvía del paralelismo fonosemántico característico de la prosa. La pausa fónica métrica, pues, carece de toda función encaminada a lograr la partición del texto en unidades semánticas con cierta autonomía[11].

Entre los estudiosos del verso, hemos descubierto que el especialista ruso Yuri M. Lotman se aproxima bastante a la idea (o noción) de la conceptualización semántica del verso que explicaremos, a continuación, usando versos del poema de Huidobro. Empieza, por ejemplo, indicándonos que "al iniciar el análisis del verso como unidad rítmica, partimos de la premisa de que el verso es una estructura semántica de particular complejidad, imprescindible para expresar un contenido particularmente complejo"[12]. Este juicio valorativo de Lotman nos parece imprescindible para fundamentar nuestras concepciones teóricas de una "semántica del verso". Lotman afirma que "el fraccionamiento del verso no termina a nivel de la sílaba"[13]. De hecho, hacer un análisis (tomamos como ejemplo el *Altazor*) representando tan sólo el aspecto gráfico de la división entre sílabas, no explica, en sí, la métrica altazoriana en su totalidad ya que es tan sólo un aspecto del proceso: el rítmico. El siguiente verso, gráficamente, ejemplifica semejante enfoque metodológico:

Altazor, ¿por qué perdiste tu primera serenidad?
oo óo óo óo oo óoo óo ó+o
(heptadecasílabo mixto)

Tanto Lotman como Cohen han percibido la oposición entre las estructuras rítmicas y semánticas del verso. Lotman pasa a señalar que "el metro no es un signo, sino un medio de construcción del signo. 'Corta' el texto y participa en la formación de oposiciones semánticas"[14]. La oposición ritmo/semántica implica que lo que se presenta como regular y predictivo a nivel de ritmo; en otro nivel, por ejemplo a nivel semántico, puede constituir transgresión de la regularidad. Por ello, "también a nivel rítmico surge un 'juego' determinado de ordenaciones que crea la posibilidad de alcanzar una elevada saturación semántica"[15]. Reiterando su enfoque semántico ante el verso, Lotman termina afirmando:

> El verso no es sólo una unidad rítmico-entonacional, sino también una unidad semántica. Debido a la particular naturaleza icónica del signo en el arte, la correlación espacial de los elementos de la estructura es significante, está directamente relacionada con el contenido. Como resultado de esto, la ligazón de las palabras en el verso es considerablemente mayor que en una unidad sintáctica del mismo metro, pero fuera de la estructura del verso[16].

Por otro lado, Samuel R. Levin toma el hecho de que el lenguaje literario (por ejemplo, el poético) funcione mediante repeticiones o recurrencias producidas en sus distintos niveles: fónico, morfológico, sintáctico y semántico, para elaborar sus nociones de "coupling" (apareamiento) y de "matriz convencional". Para Levin, la matriz convencional es "el conjunto de convenciones exteriores al poema, que el escritor adopta al aceptar una norma métrica determinada"[17]. Examinemos, en forma breve, ambas nociones ya que tendrán cierto acercamiento teórico respecto a lo que será nuestro enfoque crítico.

En primer lugar, el "uso sistemático de las equivalencias naturales consiste en la colocación de elementos lingüísticos equivalentes en posiciones también equivalentes"[18]. Levin quiere demostrarnos que los "apareamientos" producen un efecto unificador. Para ilustrar este punto, citemos los primeros cuatro versos del Canto II de *Altazor*:

Mujer el mundo está amueblado por tus ojos
Se hace más alto el cielo en tu presencia
La tierra se prolonga de rosa en rosa
Y el aire se prolonga de paloma en paloma (p.400)

Aquí hay una serie de construccciones sintácticas paralelas. En los primeros dos versos nótese el paralelismo entre los sustantivos: el mundo/ el cielo; los verbos en el presente: está/ se hace; y las frases preposicionales: por tus ojos/ en tu presencia. Este paralelismo se agudiza en los versos siguientes- los sustantivos: la tierra/ el aire; la repetición verbal: se prolonga/ se prolonga; y las frases preposicionales: de rosa en rosa/ de paloma en paloma. Una observación más detenida del conjunto nos hace ver que el caso de paralelismo más sistemático ocurre a fin de cada verso, entre las frases preposicionales. Hay, también, en los dos últimos versos, una asonancia rítmica: rosa/paloma, la cual representa otro apareamiento. Se produce un efecto unificador. Sin embargo, métricamente, hay tanto apareamientos que corresponden a elementos lingüísticamente equivalentes como ordenaciones métricas que no corresponden a las lingüísticas. Es obvio que la fusión "forma/contenido", por lo menos en el poema altazoriano, es prácticamente imposible ya que impera la noción de "ruptura" y tal fenómeno sobresale, en muchos casos, en la no-correspondencia entre estructuras lingüísticamente equivalentes y métricamente disímiles o, por el contrario, en estructuras lingüísticamente disímiles pero métricamente equivalentes.

A pesar de las limitaciones que un análisis de los "apareamientos" de un determinado texto conlleva, es sumamente útil para empezar a conceptualizar el verso dentro de su indudable estructuración semántica. Levin termina explicando, usando vocablos de la terminología saussureana, que "el efecto más importante que logra el apareamiento es unir *in praesentia* términos que de otro modo están unidos *in absentia*"[19]. Resulta claro, aún a través de lo poco que hemos dicho, que las nociones "apareamiento" y "matriz convencional" pueden ayudar al crítico a llevar a cabo análisis métricos de mayor validez hermenéutica al hacerle tomar nota de los apareamientos que influyen en factores como la acentuación métrica, la rima y la aliteración (entre otros) de un determinado poema.

La exégesis semántica en el análisis métrico altazoriano

Ya que sabemos que la mayoría de los estudiosos de la métrica, como don Tomás Navarro Tomás, se han dedicado a destacar el importantísimo aspecto técnico del verso, nuestra labor ha de ser contribuir a una mayor dilucidación semántica del verso sin descartar los aspectos rítmicos que encierra el mismo. La importancia de los diversos enfoques teóricos respecto al verso que hemos presentado en el apartado anterior es indudable. Ellos nos han ayudado a desarrollar una visión analítica más completa en relación a los alcances y a las limitaciones que pueden ofrecer estudios de este tipo.

Veamos, primeramente, los siguientes versos del Canto I. Estos, aun fijados al patrón tradicional trocaico/dactílico, nos sorprenden por poseer la virtud de renovar las posibilidades métricas.

1) Cae
 óo

Este verso bisílabo inicia toda una serie de aliteraciones. Parece apropiado que Huidobro haya puesto este vocablo, que es aquí un imperativo de mandato, como un verso solo. Este verso representa la unidad métrica más pequeña en español. Inmediatamente después usa el espacio como recurso tipográfico y vuelve a repetir el vocablo. Esta vez, sin embargo, va unido a un adverbio.

2) Cae eternamente
 óo óo óo (hexasílabo trocaico)

El vocablo "Cae" se convierte en la palabra más importante de cada verso en que aparece reiterada. El recurso de la reiteración de la primera palabra de los versos destaca la importancia semántica de ésta dentro del discuros que plantea el protagonista lírico. Luego, seañaden palabras a la reiteración: "Cae al fondo"; "Cae lo más bajo"; "Cae en infancia".

3) Cae al fondo del infinito

óo óo òoo óo (eneasílabo mixto)

Obsérvese el papel fundamental que desempeña la sinalefa (Cae al) dentro del comportamiento métrico del verso. La sinalefa, la reducir el número de sílabas en el verso, "acelera" la caída del poeta-protagonista hacia ese "fondo del infinito". Huidobro reconcilia la oposición ritmo/ semántica implícita en el verso en cuanto a la "aceleración", en tiempo y menor número de sílabas, de la caída del protagonista y el hecho de que tal caída se dirige "al fondo del infinito". Es decir, se "acelera" una caída hacia lo más lento posible: el infinito. En tal caso, el adverbio "eternamente" del verso 2 y el sustantivo "infinito" del verso 3 encierran una equiparación sémica.

4) Cae al fondo del tiempo

óo óoo óo (heptasílabo mixto)

Este verso sigue destacando la equiparación sémica iniciada en el verso dos: eternamente/ fondo del infinito/ fondo del tiempo, aunque métricamente no sea equivalente a los versos anteriores.

5) Cae al fondo de ti mismo

(a) óo óo òo óo

En este verso nos encontramos ante dos alternativas de lectura en cuanto a métrica. En la variante (a) notamos que en el troqueo "de ti", la preposición tiene un acento sumamente débil. De hecho, este verso tiene dos acentos seguidos: de *ti mis*mo (oó óo). Si consideramos "de ti" como yámbico (oó), el verso queda representado bajo la configuración siguiente:

(b) óo óo oó óo (octosílabo trocaico-yámbico)

6) Cae lo más bajo que se pueda caer

óoo óoo oo óoo ó+o (tridecasílabo mixto)

7) Cae sin vértigo

óoo óo (pentasílabo dactílico)

8) A través de todos los espacios y todas las edades

oo óo óo òo óo / o óo òo óo
(decasílabo trocaico + heptasílabo trocaico)

Los versos 6, 7 y 8 están equiparados semánticamente al verso que los genera: el verso 5, pero métricamente no exhiben equivalencia alguna.

9) A través de todas las almas de todos los anhelos y todos los naufragios

oo óo óoo óo / o óo òo óo / o óo òo óo
(eneasílabo mixto + dos heptasílabos trocaicos)

10) Cae y quema al pasar los astros y los mares

óo óoo ó+o / o óo oo óo
(alejandrino con hemistiquios heptasílabos)

En el verso 9 estamos analizando una entidad rítmica compuesta de tres partículas métricas reconocibles. Obsérvese la uniformidad métrica y rítmica de las partículas heptasílabas trocaicas de los versos 8, 9 y 10. En los versos 8 y 9 esta equivalencia tiene un denominador común en la equiparación sintáctica de los heptasílabos. Podría argüirse, por extensión, que los vocablos: "las edades"/"los anhelos"/"los naufragios"/"los astros"/"los mares", forman parte de una cadena semántica común ya que están enlazados por el vocablo-eje "Cae". De tal manera, los versos se articulan en base a una profunda interrelación métrica, sintáctica y semántica.

Unos versos más adelante vuelven las aliteraciones con "Cae". He aquí la configuración métrica de estos versos.

11) Cae en infancia

óoo óo (pentasílabo dactílico)

Lo importante aquí es notar que si se "acelera", en cuanto a tiempo y menor cantidad silábica este verso (que, sintácticamente, consiste de seis sílabas), cobra, por otra parte, mayor "peso" en cuanto a contenido ya que el verso exhibe el mismo matiz expresivo en una cantidad silábica más reducida.

12) Cae en vejez

óoo ó+o (pentasílabo dactílico)

13) Cae en lágrimas

óo óo (tetrasílabo trocaico)

14) Cae en risas

óo óo (tetrasílabo trocaico)

Desde una perspectiva métrica, tanto el verso 12 es un reflejo exacto del verso 11 como el verso 14 lo es del verso 13. A esta equiparación métrica se opone una estructura semántica que, en primera instancia, parece contradecir el apareamiento métrico. Hay aquí un apareamiento de antónimos: infancia/vejez; lágrimas/risas. El poeta, reconociendo que el mundo objetivista de todos los días opone estos vocablos, logra borrar la oposición al situarlos dentro de una estructura métrica en que ambos resultan equivalentes. La intención del autor es ver infancia/vejez y lágrimas/risas como una sola entidad. Al reconciliar los contrarios, el autor los sitúa dentro de una simultaneidad espacio-temporal que representa a la existencia.

15) Cae en música sobre el universo

a- óoo oo óo oo óo (endecasílabo enfático)

b- oo ó oo óo oo óo (endecasílabo melódico)

En este verso nos enfrentamos a dos alternativas de lectura en cuanto a métrica. En la primera de ellas, la importancia rítmica del verso comienza, significativamente, con el vocablo-eje "Cae". En la variante b), la importancia cambia al vocablo "música". No obstante, la tensión entre "Cae" y "música" queda equilibrada por varias equivalencias: por ejemplo, lo "enfático" del caer se equipara a lo "melódico" de la música. Es decir, la música puede ser, en este contexto, un *caer enfático* y el caer una *música melódica*. La reconciliación de la "tensión" entre los vocablos "Cae" y "música" nos hace regresar al contexto semántico de los versos 11-14, donde tal reconciliación ayudaba a crear una simultaneidad espacio-temporal.

16) Cae de tu cabeza a tus pies

óo òoo óoo ó+o (decasílabo mixto)

17) Cae de tus pies a tu cabeza

óo òo óo òo óo (decasílabo trocaico)

Los versos 16 y 17 son, bajo los enfoques métrico y sintáctico, equivalentes. Desde una perspectiva semántica, el verso 17 traza un movimiento contrario al verso anterior pero tal movimiento no puede analizarse sino en relación al verso inicial que lo genera. El uso del retruécano destaca el objetivo del poeta de reconciliar los opuestos enmarcándolos dentro de una equivalencia métrica. Sin embargo, hay más: a causa de la intención del autor de invertir las leyes físicas, la bipolaridad: "pies/cabeza", nos da la sensación de un movimiento giratorio: cabeza/pies-pies/cabeza. Mediante el uso delretruécano, el autor quiere destacar que en el "mundo" recorrido por el protagonista lírico todo gira tan rápido, tan simultáneamente, que donde estaba la cabeza vemos los pies. En sentido análogo, en el espacio donde vemos la vida también podemos ver la muerte. El movimiento de los versos se proyecta como una unidad giratoria que llega, en su vertiginoso caer, a desaparecer.

18) Cae del mar a la fuente

óoo óoo óo (octosílabo dactílico)

19) Cae al último abismo de silencio

a- óoo oo óo oo óo (endecasílabo enfático)

b- oo ó oo óo oo óo (endecasílabo melódico)

Resulta importante notar que el verso 19 exhibe las mismas características del verso 15 ya analizado en cuanto a metro. Si en el verso 15 veíamos una tensión entre "Cae" y "música", en este verso la tensión existe entre "Cae" y "último". Aquí, lo enfático del caer se equipara a lo melódico que reside en la noción de "último". Lo "último", en este caso, puede ser un *caer enfático* (enlazada esta noción a paradigmas semánticos, ideológicos y simbólicos dentro de la obra) y el "caer" puede ser una *melodía final*, *última* (enlazada esta noción a la última etapa del poema: el Canto VII).

Los siguientes versos, también del Canto I, son un ejemplo de cómo la enumeración en cadena de vocablos sintácticamente equivalentes se ven representados métrica y rítmicamente.

20) Seguir cargado de mundos de países de ciudades

a- o óo óoo óo / oo óo oo óo (hemistiquios octosílabos)

b- también podemos examinar la configuración métrica de los elementos de la serie que son sintácticamente equivalentes y que, al mismo tiempo, tienen una naturaleza semántica común:

de mundos (o óo)
pentasílabo trocaico + de países (oo óo)
de ciudades (oo óo)

En la variante b), los elementos de la serie ternaria son sintácticamente equivalentes y exhiben una uniformidad trocaica, comprobándose, de tal forma, la equiparación sintáctica, semántica y métrica de las mismas.

21) Muchedumbres aullidos

oo óoo óo (heptasílabo dactílico)

Estos sustantivos están organizados dentro de la equivalencia semántica en que los ha articulado el poeta. El poeta expresa su inconformidad ante ese "Seguir cargado de...", pero los sustantivos enumerados forman una cadena semántica (generada por el primer vocablo: "mundos") que se continúa en el verso siguiente.

22) Cubierto de climas hemisferios ideas recuerdos

o óoo óo oo óoo óoo óo (hexadecasílabo mixto)

Una cuidadosa lectura de los sustantivos dentro de la cadena semántica nos lleva a considerarlos semas del vocablo *mundos* (países, ciudades, muchedumbres, aullidos, climas, hemisferios, ideas, recuerdos). Los versos 20-22 son semánticamente equivalentes porque todo lo expresado en ellos encierra una interrelación sémica indudable. En este sentido, aun los vocablos "cargado" y "cubierto" se aproximan semánticamente.

Métrica del Canto II

En el Canto II los versos se caracterizan, en un sentido conceptual, por la serena contemplación del mundo y de la amada y por el equilibrio lírico que se percibe a través del Canto. La expresión se suaviza y notamos el gran contraste entre el Canto I (que reproduce la inquietud y el caos en que el protagonista poemático se encuentra) y este Canto dirigido a la figura femenina idealizada. Captamos una serenidad y dulzura, especialmente en los endecasílabos, que nos hacen recordar la musicalidad garcilasiana de las "Eglogas". Analicemos, pues, los primeros cuatro versos de este Canto.

1) Mujer el mundo está amueblado por tus ojos
a- o óo óo óo óo oo óo (tridecasílabo trocaico)
b- oó / o óo oo óo oo óo (yambo + endecasílabo heroico)
c- oó / ooo ó o óo oo óo (yambo + endecasílabo sáfico)

En las variantes b) y c) el vocablo "Mujer" funciona como un apóstrofe y puede conceptualizarse como entidad métrica y rítmica independiente (yambo: oó). De hecho, el vocablo inicia, significativamente, el Canto y destaca la importancia que el poeta-protagonista le concede al mismo. El resto del verso es un endecasílabo que se equipara, métrica y semánticamente, al endecasílabo siguiente. Pensamos que la variante b) es la más acertada ya que, como heroico, apunta hacia ese momento heroico de la mujer cuya mirada domina al mundo.

2) Se hace más alto el cielo en tu presencia
ooo ó o óo oo óo (endecasílabo sáfico)

En la variante que ofrecemos resulta importante destacar la idea de *altura*: todo es "más alto" porque se presenta a la mujer como una entidad más alta. Por otra parte, es interesante observar que, fonológicamente, el acento en la cuarta sílaba se ve reforzado por el acento en la sexta sílaba (*al*to el cie*lo*). Además, los vocablos "alto" y "cielo" se pueden equiparar sémicamente.

3) La tierra se prolonga de rosa en rosa

o óo oo óo / o óo óo (dodecasílabo trocaico)

4) Y el aire se prolonga de paloma en paloma

o óo oo óo / oo óoo óo (alejandrino polirrítmico)

Nótese la uniformidad sintáctica, semántica y métrica entre "La tierra se prolonga" (v.3) y "Y el aire se prolonga" (v.4). Ambos fragmentos son heptasílabos trocaicos. Los hemistiquios a final de verso de los versos 3 y 4 son sintácticamente equivalentes pero métricamente disímiles.

Hacia el final del Canto II encontramos una serie de aliteraciones estructuradas, sintácticamente, por una conjunción, un adjetivo demostrativo y un sustantivo. Veamos si a través de los primeros cinco versos de esa serie de aliteraciones podemos entrever una interrelación métrico-semántica.

5) Y esa mano que se levanta en ti como si fuera a colgar soles en el aire

óo óo óoo óoo óoo óoo óoo oo óo

Tenemos aquí un verso cuya medida métrica (23 sílabas) es exactamente igual a la del verso 9 de las aliteraciones con "Cae" (que analizamos en el Canto I). Sin embargo, su desplazamiento rítmico es muy distinto. Aún siendo un verso tan largo, obsérvese cuán estructurado está. Hau una mezcla de troqueos y dáctilos dentro del verso pero tal hecho no evita que haya un ritmo con un certero sentido melódico: hay uniformidad dentro de la irregularidad rítmica (2 troqueos/ 5 dáctilos centrales/ 2 troqueos finales).

6) Y ese mirar que escribe mundos en el infinito

óoo óo óo óo oo óo óo (pentadecasílabo mixto)

Nótese la armonía vocálica en varios de los apoyos rítmicos del verso: mirar; escribe; infinito.

7) Y esa cabeza que se dobla para escuchar un murmullo en la eternidad

óoo óo óo / óo óoo ó+o / oo óoo óo ó+o
(alejandrino polirrítmico + eneasílabo mixto)

En la variante que damos, la cesura entre "se" y "dobla" vendría a representar el momento en que tanto se "dobla" el alejandrino en dos hemistiquios de igual medida métrica como se dobla, por analogía, la cabeza de la mujer idealizada en este Canto. Ahora bien, debido a la extensión y complejidad métrica de este verso, otras "lecturas métricas" son posibles.

8) Y ese pie que es la fiesta de los caminos encadenados

óo óoo óo / òoo óoo óo óo (heptadecasílabo mixto)

En este verso, como en el verso 6 de esta sección, siguen presentándose casos de armonía vocálica en varios de los apoyos rítmicos: Y ese; pie; fiesta; encadenados.

9) Y esos párpados donde vienen a vararse las centellas del éter

óo óoo óo óo oo óo oo óoo óo

A pesar de la mezcla de troqueos y dáctilos, el verso exhibe una uniformidad melódica: 1 troqueo/ 1 dáctilo/ 5 troqueos centrales/ 1 dáctilo/ 1 troqueo (que es el período de enlace). El verso continúa exhibiendo los ejemplos de armonía vocálica del verso anterior en los apoyos rítmicos: Y ese; vienen; centellas; éter; párpados; vararse. Nótese que en los últimos dos versos analizados los apoyos rítmicos caen sobre las mismas vocales fuertes (e; a). Por último, hay una interesante equiparación semántica en los versos 5-9: los términos inmediatamente después de la aliteración, "Y ese" (*mano; mirar; cabeza; pie; párpados)* forman una cadena semántica cuyo denominador común es esa figura femenina idealizada a quien el poeta-protagonista le canta.

Básicamente, hemos podido apreciar que no sólo las aliteraciones sintácticas revelan equiparaciones semánticas sino que también se desvela fenómeno similar en cuanto a los ejemplos de armonía vocálica en los apoyos rítmicos de varios de los versos analizados por el sentido de uniformidad y melodía que prefiguran las configuraciones de troqueos y dáctilos en algunos de estos versos.

Al mismo tiempo, el poeta-protagonista articula esta última parte de su monólogo-homenaje a la figura femenina que idealiza usando la "distancia" como eje semántico. Los adjetivos demostrativos usados (ese; esa; esos), en su función deíctica, implican distancia o algo mirado a distancia: el poeta no se encuentra cerca del objeto idealizado-amado. Siguiendo este mismo proceso de razonamiento, nótese las continuas alusiones a cosas lejanas: "colgar soles en el aire"; "mundos en el infinito"; "escuchar un murmullo en la eternidad"; "caminos encadenados"; "centellas del éter". Todas estas frases emergen de un contexto semántico común y aunque los versos no exhiben equivalencias métricas engloban otras correspondencias que nos hacen captarlos como una "unidad" (tanto semántica como métrica). El uso de verbos de acción y movimiento como: "se levanta"; "a colgar"; "escribe"; "se dobla"; "vararse"; "hincha"; "dirige"; le brindan a este proceso reiterativo un matiz de indudable dinamismo. El movimiento que se percibe en cada verso ayuda a acelerar la expresión. El propósito de ésta ha sido describir la dimensión cósmica de la figura arquetípica idealizada (la Mujer). Si semejante entidad no está presente en la vida del poeta-protagonista todo es desesperanza: "Si tú murieras/ Las estrellas a pesar de su lámpara encendida/ Perderían el camino/ ¿Qué sería del universo?" (p.404). Estamos frente a la glorificación de la presencia femenina en la vida del hombre. A lo largo del discurso poético, la mujer recobra su verdadera identidad cósmica. Como nos dice Cedomil Goic, "la mujer y el amor a mujer son elevados aquí a valores absolutos en la intención del poeta, porque ella es dadora de infinito"[20]. El poeta, por ello, permanece inmóvil contemplando a su amada "Bajo el silencio estático de inmóviles pestañas" (p.404).

Métrica del Canto III

Debido al extenso uso del verso libre a lo largo de todo el poema, puede resultar fácil perder de vista el hecho de que existen instancias en el mismo en que se encuentran ejemplos de regularidad métrica y estrófica. En tal caso, se manejan metros y estrofas de una indudable fuente tradicional. La "ruptura" respecto a la fuente métrica tradicional radicará, entonces, no en la naturaleza formal del verso sino en su naturaleza semántica, es decir, en la información que expone el verso determinado. De hecho, la información articulada en las primeras estrofas del Canto III (pp.404-405) es, de manera significativa, lo opuesto a lo que espera el lector. Se ruptura un orden (el semántico) pero se articulan los versos desde un ordenamiento métrico tradicional.

Primera estrofa:

1) Romper las ligaduras de las venas
o óo oo óo oo óo (endecasílabo heroico)

2) Los lazos de la respiración y las cadenas
o óo oo óoo óo oo óo (alejandrino polirrítmico)

Con la excepción de este primer pareado, este Canto comienza con una tirada de pareados asonantados. El primer pareado es consonántico y puede considerarse una variante dentro de la combinación métrica tradicional para estos versos. Obsérvese que el poeta-protagonista proclama este "romper", que inmediatamente nos sugiere la rotura del sistema y, a la vez, usa uno de los metros más tradicionales de la literatura española: el endecasílabo. Aún así, el poeta no se equivoca ya que utiliza la variante heroica del endecasílabo para destacar la valentía que exige semejante "romper". Resulta interesante comprobar que la proclamación de la ruptura queda enmarcada dentro de cánones métricos y rítmicos. Esto reafirma el hecho de que la ruptura sólo puede enunciarse desde una estructuración.

Segunda estrofa:

1) De los ojos senderos de horizontes

oo ó oo óo oo óo (endecasílabo melódico)

2) Flor proyectada en cielos uniformes

a- óoo oo óo oo óo (endecasílabo enfático)

b- ooo ó o óo oo óo (endecasílabo sáfico)

En el segundo verso, la variante a) es la más acertada ya que, entre otras cosas, reproduce la misma armonía vocálica, en los apoyos rítmicos, del verso 1. En tal sentido, los dos endecasílabos de esta estrofa son equivalentes desde varios puntos de vista: asonnancia; metro; armonía vocálica (v.1: ojos/ senderos/ horizontes; v.2: Flor/ cielos/ uniformes). Al mismo tiempo, el contexto metafórico "ojos/flor" impone una correspondencia entre "senderos de horizontes " y "cielos uniformes".

Tercera estrofa:

1) El alma pavimentada de recuerdos

o óoo oo óo oo óo (dodecasílabo mixto)

2) Como estrellas talladas por el viento

oo ó oo óo oo óo (endecasílabo melódico)

Las equivalencias dentro de esta estrofa de pareados va más allá de su rima asonante. Por un lado, la armonía vocálica exhibe correspondencias entre ambos versos. Pôr otro lado, el símil hace equivalentes los términos "alma/estrellas" y, por extensión, los adjetivos correspondientes a ambos términos también se relacionan y riman entre sí. De la misma manera, también se relacionan y equiparan los vocablos a final de verso (recuerdos= viento) por virtud de la rima[21].

Cuarta estrofa:

1) El mar es un tejado de botellas

o óo oo óo oo óo (endecasílabo heroico)

2) Que en la memoria del marino sueña

ooo ó o oo óo óo (endecasílabo sáfico)

En apoyo de la equiparación metafórica "mar= tejado de botellas", podemos invocar la potencialidad de equiparación que presuponen los términos regidos por la rima: botellas/sueña. De tal forma, resulta poéticamente posible, para el lector, conceptualizar un mar que "sueña" en la "memoria del marino".

Es verdaderamente sorprendente la cantidad de relaciones y equivalencias que uno puede descubrir en la poética altazoriana. Para resumir, estúdiese las siguientes equiparaciones y relaciones métricas, sintácticas y semánticas de estas cuatro estrofas analizadas:

Primera estrofa (versos métricamente no equivalentes; equiparación rítmica: venas/cadenas; equiparación semántica: ligaduras/lazos/cadenas venas= nexo metafórico).

Segunda estrofa (equiparación métrica; armonía vocálica; equiparación metafórica: ojos= flor; equiparación rítmica en base a las asonancias dentro de los versos y al final de los mismos).

Tercera estrofa (versos métricamente no equivalentes; equiparación "alma/estrellas" en base al símil; equiparación rítmica y semántica entre los adjetivos: pavimentada/tallada; armonía vocálica; la rima "recuerdos/viento" encierra un nexo metafórico).

Cuarta estrofa (equiparación métrica; equiparación metafórica: mar= tejado de botellas; "botellas/sueña" a final de verso encierra un nexo metafórico que ayuda a interrelacionar, semánticamente, los dos versos).

No obstante, la presencia de estas estrofas que comparten patrones métricos tradicionales, no podemos caracterizar el Canto III como tal ya que imperan las libertades métricas. Ejemplo de ello son los versos siguientes que aparecen hacia el final del Canto:

Y puesto que debemos vivir y no nos suicidamos
a- o óo oo óoo óo óo oo óo (hexadecasílabo mixto)
b- o óo oo óoo ó+o / o óo oo óo (heptadecasílabo mixto)

Mientras vivamos juguemos
óoo óoo óo (octosílabo dactílico)

El simple sport de los vocablos
o óo óo oo óo (eneasílabo trocaico)

Nótese la falta de uniformidad métrica entre los versos. Aún en el primer verso de esta serie pueden llevarse a cabo dos lecturas distintas en cuanto a metro. En la variante b) tenemos cesura tras la décima sílaba. En este momento del Canto III, por otra parte, el poeta-protagonista no se nos presenta como "Creador" sino como el "nuevo atleta". El calificativo de "nuevo" resulta importante a la luz de la misión poética del protagonista: desentumecer el lenguaje poético de la anquilosis al cual había sido sometido durante siglos. Los versos a continuación son eco de este deber: "El nuevo atleta salta sobre la pista mágica/ Jugando con magnéticas palabras" (p.407); "Abre los ojos el nuevo paisaje solemne/ Y pasa desde la tierra a las constelaciones/ El entierro de la poesía" (p.407). El protagonista poemático reconoce, por último, que de cumplir con su deber, la poesía lo llevará al centro de irradiación expresiva absoluta: el Canto VII (esa "Gimnasia astral para las lenguas entumecidas"). Los dos últimos versos del Canto III ya anuncian la alquimia verbal que va a ocurrir en el Canto final:

Después nada nada
a- o óoo óo (hexasílabo dactílico)
b- oó óo óo (hexasílabo yámbico-trocaico)

Rumor aliento de frase sin palabra
o óo óoo óo oo óo (dodecasílabo mixto)

La variante b) del verso, "Después nada nada", toma en consideración la presencia de dos acentos seguidos en el verso (Des<u>pués</u> <u>na</u>da). Nótese cuán significativa resulta la asonancia "nada/palabra". Estos vocablos, a través de la rima, se convierten en entidades (conceptos) equivalentes. Al fin y al cabo, la "nada" es la metáfora de la "palabra" y esta, en sí, es la verdadera plenitud de la palabra poética en su trayectoria infinita.

Métrica del Canto IV

¿Qué sucede cuando toda una serie de versos tiene la misma rima? ¿Acaso exhiben una correspondencia métrica? ¿Enmarcan las equivalencias rítmicas equivalencias métricas, sintácticas y semánticas? Al analizar unos versos en el cual el vocablo "golondrina" se equipara a otros vocablos que usan la raíz *golon-* pero añaden sustantivos de una naturaleza semántica muy distinta al vocablo original, intentaremos dar nuestro enfoque respecto a estas interrogantes. La sección que hemos seleccionado se encuentra en la página 413 de la edición que manejamos:

Ya viene la golondrina
Ya viene la golonfina
Ya viene la golontrina
Ya viene la goloncima
Viene la golonchina
Viene la golonclima
Ya viene la golonrima
Ya viene la golonrisa
La golonniña
La golonlira
La golonbrisa
La golonchilla
Ya viene la golondía

Análisis métrico:

1) o óo óo óoo óo
2) o óo óo óoo óo → equiparación métrica
3) o óo óoo óo
4) o óo óoo óo → equiparación métrica
5) óo óoo óo
6) óo óoo óo → equiparación métrica
7) o óo óoo óo
8) o óo óoo óo → equiparación métrica con los vv.3-4

9-13) óoo óo (son todos pentasílabos dactílicos)

14) o óo óoo óo (equiparación métrica con los vv.3-4 y 7-8)

Versos 1-2: Empezamos la serie con un par de decasílabos mixtos. Todos los elementos sintácticos de ambos versos son equivalentes. Aún "golondrina/golonfina" son equivalentes sintáctica y semánticamente no sólo por su rima asonante sino también por el hecho de que "golonfina" (con su raíz tomada del vocablo original) funciona como una palabra nueva (neologismo) que describe una acción o característica de la golondrina. Al mismo tiempo, la aliteración del verbo "viene" duplica la importancia de esta acción acentuando, con ello, las relaciones posibles entre los sustantivos.

Versos 3-6: Continúan las equiparaciones métricas, rítmicas, sintácticas y semánticas que explicamos en los versos 1-2. A pesar de ello, nótese cómo el metro va disminuyendo a medida que progresa la serie de versos (vv.1-2: decasílabos; vv.3-4: octosílabos; vv.5-6: heptasílabos; vv.9-13: pentasílabos).

Versos 7-8: Hay dos características importantes en este par de versos. Por un lado, el v.7, más allá de ser el verso, precisamente, a mitad de la serie, incluye el vocablo más importante de la misma ("golonrima"). Tal vocablo revela todo el proceso rítmico empezado en "golondrina". Al unísono, los vv.7-8 se equiparan métrica, sintáctica y semánticamente con los vv.3-4. La rima aquí pone de manifiesto su función metafórica al asociar los neologismos al vocablo conocido y convertirlos en entidades equivalentes de tal vocablo. Luego de los cinco pentasílabos dactílicos, el último verso de la serie queda enmarcado dentro de la misma configuración métrica, sintáctica y semántica de los vv.7-8.

Métrica del Canto V

Del Canto V procedemos a analizar el ejemplo más elocuente en el poema del uso de la aliteración. Nuestro propósito es entrever la relación entre los apareamientos fonológicos de los versos y la contigüidad (o no-contigüidad) métrica de éstos. A continuación adelantamos el fragmento:

> Prófugo rueda al fondo donde ronco
> Soy rosa de trueno y sueno mis carrasperas
> Estoy preso y arrastro mis propios grillos
> Los astros que trago crujen en mis entrañas
> Proa a la borrasca en procesión procreadora
> Proclamo mis proezas bramadoras
> Y mis bronquios respiran en la tierra profunda... (p.429)

Análisis métrico:

1) óoo oo óo oo óo (endecasílabo enfático; armonía vocálica en los apoyos rítmicos: prófugo/fondo/ronco)

2) o óoo óo óoo óo óo (tridecasílabo mixto)

3) oo óoo óoo óo óo (dodecasílabo mixto; hiato entre "preso/ y arrastro")

4) o óoo óo óoo óo óo (tridecasílabo mixto; equiparación métrica y rítmica con el verso 2)

5) óo oo óo óo óoo óo (tridecasílabo mixto; equiparación métrica con el verso anterior)

Obsérvese, en los vv.2 y 4 la alternancia uniforme entre dáctilos y troqueos. Sin embargo, este fragmento no se caracteriza por su uniformidad métrica sino, más bien, por la aliteración de fonemas consonánticos comunes a través de los siete versos citados.

6) o óo oo óo oo óo (endecasílabo heroico)

7) oo óoo óo / oo óoo óo (alejandrino dactílico dividido por dos hemistiquios heptasílabos)

No hay que calar muy hondo para darse uno de cuenta de que los vocablos equiparados, por el grado de semejanza entre sus sonidos, son la representación simbólica y fonológica de la "voz" del volcán.

Métrica del Canto VI

Para esta sección de nuestro análisis métrico, hemos seleccionado los últimos trece versos de este Canto. Intentamos explorar qué sucede, desde una perspectiva métrica, cuando se va desarticulando la sintaxis del poema. ¿Ocurre algún tipo de desarticulación similar en los metros o, por el contrario, se mantienen dentro de cánones métricos reconocibles y uniformes? A continuación citamos el texto:

Cristal mío
Baño eterno
                el nudo noche
El gloria trino
                        sin desmayo
Al tan prodigio
Con su estatua
Noche y rama
                Cristal sueño
                Cristal viaje
Flor y noche
Con su estatua
                    Cristal muerte

Análisis métrico:

1) Ya en este primer tetrasílabo (como ha de suceder en los vv.9, 10 y 13 que son, a su vez, tetrasílabos) hay dos lecturas posibles del mismo en cuanto a métrica:

   a- óo óo (considerado bajo el esquema tradicional trocaico/ dactílico)

   b- oó óo (en esta variante el verso se hace yámbico para destacar la presencia de dos acentos eguidos dentro del verso)

2) óo óo (tetrasílabo trocaico)

3) o óo óo (pentasílabo trocaico)

4) o óo óo (pentasílabo trocaico)

5) óo óo (equiparado métricamente a los vv.1-2)

6) o óo óo

7) óo óo

8) óo óo

9, 10 y 13) reproducen la configuración métrica del primer verso

11) óo óo

12) óo óo (se repite el mismo verso del v.7)

No es difícil ver cuán uniforme es esta serie de versos a final del Canto VI. Todos tienen una medida métrica común (4 ó 5 sílabas) y el mismo desplazamiento rítmico (trocaico). Lo único que se ve directamente afectado por la creciente desarticulación de la sintaxis es la extensión de los versos. El lector, por ejemplo, puede comparar este fenómeno del Canto VI con los versos de más veinte sílabas frecuentes en el Canto I. Por último, vale la pena observar que no sólo hay un contexto metafórico entre el primer verso y los cuatro versos siguientes sino que también se desvela una equiparación totalizadora entre el primer verso y los versos 9, 10 y 13. De tal forma, el poeta logra comunicar un profundo sentido de unidad dentro de la desarticulación sintáctica. De hecho, el fragmento es una metáfora continuada: "Cristal mío"= "Cristal muerte".

Métrica del Canto VII

Ahora bien, comenzamos la última etapa analítica de nuestro estudio con una interrogante: si la idea central encontrada en el proceso hermenéutico de los cuatro capítulos anteriores giraba en torno a la noción del Canto VII como *lenguaje del principio*, como "semiosis ilimitada", como "fonética astral", como lenguaje que, tipográficamente, representa lo "infinito", ¿cómo podríamos semantizar la métrica de un cuerpo poético exclusivamente fonológico?

Como ya sabemos, el Canto VII "se reduce" (vale la pena, por supuesto, también afirmar lo contrario: "se expande") hacia un lenguaje de sonidos. Semejante lenguaje, como si fuese una paradoja, al no comunicarnos semánticamente *nada* encierra, en tal negación, *toda* posibilidad comunicativa. Significativamente, en la misma medida en que la expresión poética altazoriana desarticula sus relaciones léxicas, sintácticas y semánticas según nos vamos moviendo de un Canto a otro, los recursos comúnmente asociados a una exégesis métrica tradicional también se ven trascendidos. Para citar ejemplos de semejante fenómeno, comencemos con los versos iniciales de este último Canto:

Ai aia aia
ia ia ia aia ui
Tralalí (tetrasílabo agudo)
Lali lalá (pentasílabo agudo)
Aruaru (trisílabo)
urulario (tetrasílabo)
Lalilá (tertasílabo agudo)
Rimbibolam lam lam (heptasílabo agudo)- p.436

Notamos que mientras mayor es la incidencia de desarticulación léxica y sintáctica en los versos, más difícil se hace la fijación métrica de los mismos. Los dos primeros versos, sin estar semánticamente desprovistos de sentido, de hecho, funcionan como onomatopeyas del dolor (ai) y del miedo (ui) humanos, comparten una métrica fluctuante. ¿Cómo leerlos entonces? Intentemos dos lecturas:

Verso 1 (versión a): Ai/ aia/ aia

Con esta primera lectura obedecemos los "espacios" entre las tres articulaciones fónicas. El resultado es un trisílabo que expresa tres gritos armoniosamente modulados en cuanto a tiempo, espacio y lugar.

Verso 1 (versión b): Ai‿aia‿aia

Aquí, en la segunda lectura, estamos ante un grito ininterrumpido monosílabo (pero bisílabo en cuanto a metro) que resalta tanto la continuidad del dolor como la fluidez vocálica (representación gráfica del lenguaje primigenio) dentro de la aparente fragmentación y destrucción de los mecanismos de comunicación.

Verso 2 (versión a): ia/ ia/ ia/ aia/ ui

Considerando, independientemente, cada articulación fónica, tenemos cinco de ellas. Ahora, no obstante, distinto a lo ocurrido en el primer verso, hay dos niveles semánticos distintos pero complementarios: el dolor (fonemas en "ia") y el miedo (fonema en "ui").

Verso 2 (versión b): ia ia ia aia/ ui

Esta segunda lectura nos lleva a diferenciar, métricamente, los fonemas semánticamente distintos: el resultado es un verso que exhibe una articulación ininterrumpida de dolor, hace una pausa y, luego, articula su "miedo". Ahondando en nuestro análisis, otra lectura posible de estos dos versos iniciales nos comprobaría el alto grado de armonía fónica-semántica dentro de la desarticulación léxica y sintáctica. Nótese, por ejemplo, que hay tres articulaciones fónicas con "aia" y tres con "ia" y dos articulaciones independientes ("Ai"; "ui") que sirven de enlace a las dos agrupaciones fónicas ya mencionadas.

Por otro lado, cuatro de los seis versos siguientes (vv.3-8) son agudos (o sea, terminan en rima aguda). Con ellos, se va cristalizando no sólo la desesperanza y el terror del protagonista poemático ante lo desconocido (la muerte) sino también su liberación de las normas, su independencia y su asombro ante un lenguaje primigenio, austral, recién nacido que éste adapta al llegar a los confines del "campo inexplorado" (ya anunciado en el Canto V). Lo interesante del caso es observar que los patrones métricos de los vv.3-8 se ciñen a la métrica española tradicional en la manera en que se presentan como metros "fijos".

Valdría la pena repetir, entonces, que todos los niveles del discurso poético altazoriano se caracterizan por su "estructuración de la ruptura". Desde el punto de vista métrico, cuando semejante "ruptura" explota exclusivamente el nivel fónico, los patrones métricos de los versos se nos revelan fluídicos, cambiantes (esto es, admiten varias lecturas en cuanto a metro). Al unísono, cuando los versos inauguran y/o admiten una "abertura" semántica (dentro de su universo fónico), los versos, métricamente hablando, operan dentro de la convención. Obsérvese en los versos siguientes tal ordenamiento:

Ai i a
Temporía
Ai ai aia
Ululayu
          lulayu
                    layu yu... (p.436)

O en los versos finales del poema:

Arorasía ululacente
Semperiva
            ivarisa tarirá
Campanudio lalalí
      Auriciento auronida
Lalalí
        Io ia
i i i o
Ai a i ai a i i i i o ia (p.437)

Se crea, de tal forma, un campo de tensión métrica de naturaleza dialéctica. Percibimos una lucha entre los versos potencialmente semánticos (sin dejar de ser, por ello, experimentos silábicos y vocálicos llevados a su último confín, a su *límite*) y los absolutamente fónicos (sin que éstos, por su parte, carezcan de indicadores semánticos). En resumen, al hablar de una "estructuración de la ruptura" en *Altazor*, no hacemos sino confirmar que todo proceso creativo es dialéctico; es la suma de fuerzas opuestas en el momento de "reconciliación".

La práctica absoluta de "reconciliar vocablos enemigos" en el contexto altazoriano llega, con el Canto VII, a su final-principio, a una etapa primigenia-mítica en que el afán reconciliador del protagonista lírico (Altazor) recupera tanto el espacio, tiempo y lugar de su *plenitud* como los de su *vacío*. El credo creacionista (elaborado en su etapa más arriesgadamente fidedigna en el Canto VII) le exige al poeta crear y no copiar. Por ello, en el contexto altazoriano, el protagonista poemático, a pesar de las sucesivas transformaciones a lo largo de su viaje en paracaídas, es, desde un principio, un "nuevo Dios". Es decir, es un nuevo creador idiomático y su relativa "salvación" o "perdición" están condicionadas por el éxito o el fracaso con que él, al declararse independiente del Creador (Dios), logra crear una nueva naturaleza lingüística (parasubidas). Semejante praxis, paradójicamente, lo acerca a la creación genesíaca y, a la vez, es un borrar las "distancias" entre los vocablos. En definitiva, todo poema terminado conlleva un infinito recomenzar cuyo límite es la *asíntota ideal* de todo poeta: trascender las distancias impuestas a nuestro idioma diario. Si tuviéramos que juzgar a Altazor en tal sentido, podríamos afirmar que su tentativa desafiante es su triunfo. Altazor, como vivencia lírica, es lo que termina (o comienza) alumbrado.

NOTAS

[1]Recordemos que la redacción de la obra comienza en el 1919, un año después de haber terminado el primer conflicto bélico de impacto mundial. Este hecho resulta importante a la luz de que la ruptura (la destrucción) que causó tal conflicto dio lugar al establecimiento de un "nuevo orden" (ya fuera de naturaleza política, social o cultural). El conflicto llega a significar no sólo el "levantarse de la destrucción" sino también el verse capturados por las garras de un tiempo histórico, a la par fragmentado y caótico. El Hombre moderno empieza a percibir la historia como una sucesión de rupturas en la cual todo, incluyendo los ritmos y las medidas del mundo natural, está sujeto al cambio.

[2]La noción de cambiar el orden natural a través de lo poético puede trazarse, en Huidobro, desde su poemario, *El espejo de agua (1916)* y en sus escritos teóricos como "Non serviam", "La Poesía", "El creacionismo" y "Manifiesto tal vez".

[3]Tomás Navarro Tomás, *Métrica española* (New York: Las Américas Publishing, 1966), p.9.

[4]Wolfgang Kayser, *Interpretación y análisis de la obra literaria* (Madrid: Editorial Gredos, 1976), p.104.

[5]He aquí la etimología de la palabra *verso* que Kayser expone: "En efecto, *versus* significa inicialmente el par de surcos, el movimiento de ida y vuelta ejecutado por el labrador al arar la tierra" (*Ibid.*, p.113).

[6]Cohen, *Estructura del lenguaje poético*, p.53.

[7]*Ibid.*, p.52.

[8]*Ibid.*, p.61.

[9]*Ibid.*, p.71.

[10]*Ibid.*, p.74.

[11]J. A. Martínez, *Propiedades del lenguaje poético*, p.465.

[12]Lotman, *Estructura del texto artístico*, p.173.

[13]*Ibid.*, p.177.

[14]*Ibid.*, p.196.

[15]*Ibid.*, p.198.

[16]*Ibid.*, p.233.

[17]Levin, *Estructuras lingüísticas en la poesía* (Madrid: Ediciones Cátedra, 1974), p.16.

[18]*Ibid.*, p.49.

[19]*Ibid.*, pp.61-62. Los términos subrayados aparecen en la obra de Ferdinand de Saussure, *Curso de lingüística general*, 13ra. edición (Buenos Aires: Editorial Losada, 1974), p.208.

[20]Cedomil Goic, *La poesía de Vicente Huidobro* (Santiago: Universidad Católica de Chile, 1974), p.197.

[21]Jean Cohen, al hablar sobre los efectos de la rima en los versos, afirma: "Hay semejanza de sonidos allí donde no existe semejanza de sentidos. A significados propuestos como diferentes responden significantes percibidos como semejantes. La rima echa por tierra el paralelismo fono-semántico sobre el que descansa la seguridad del mensaje. Una vez más parece como si el poeta, en oposición a las exigencias normales de la comunicación, buscase la manera de aumentar los peligros de la confusión" (*Estructura del lenguaje poético*, p.79). Pero más que "aumentar los peligros de la confusión", pensamos que el poeta busca asociar y equiparar términos que nunca se asocian en el discurso normal. Se destruye el paralelismo fono-semántico para intercalar otro nivel semántico de naturaleza metafórica: los vocablos regidos por la rima forman una metáfora.

CONCLUSIÓN

Los análisis anteriores, que hemos considerado oportuno categorizar como "vías teóricas", de alguna forma u otra han intentado revelarle al lector que *Altazor o el viaje en paracaídas* es el poema-eje de la obra poética de Vicente Huidobro y uno de los verdaderos poemas fundamentales de la literatura en lengua española. En *Altazor* quedan resumidas tanto la tradición poética hispánica como la ruptura de tal tradición. Es decir, en el poema se observa un doble movimiento, tradicional y rupturante a la vez, que intenta reflejar la "summa" de un proceso poético tan complejo como el mundo (a su vez enjaulado dentro del mismo tipo de movimiento) en que se gestó. Bajo tal asombroso ejemplo de "tradición de la ruptura", como certeramente le ha llamado Octavio Paz, en *Los hijos del limo*, a toda una tradición de poesía moderna, el poema articula no sólo las intenciones y angustias ideológico-estéticas del autor sino también toda la gama de problemas y conflictos (tanto de orden cultural como de orden religioso y político) del siglo XX. El poema, de hecho, es ese "campo inexplorado" de acción donde la palabra irreverente del poeta lucha contra el anquilosamiento de fórmulas y procedimientos retóricos caducos.

Por ello, la fase ideológica-estética de nuestro estudio intentó enfocar la obra como "praxis de ideolo gías" analizando los rasgos de estéticas anteriores y contemporáneas a la misma. Comenzamos re-evaluando el concepto de *romanticismo* desencasillándolo de los límites histórico-literarios de siempre (el siglo XIX) y considerándolo patrimonio de todas las épocas y literaturas europeas. Entre los temas explorados en este primer enfoque teórico destacamos los siguientes: el subjetivismo romántico y la noción del "elegido"; las ambivalencias de la supuesta "anti-burguesía" altazoriana; la idealización arquetípica de la mujer y su presencia como ente escriturario. Bajo la *praxis simbolista* del poema, estudiamos las nociones de "correspondencia" e "impertinencia"; consideramos la lectura del molino como "infinito semántico" y examinamos casos específicos de ambigüedad en el discurso. El estudio de los residuos modernistas en el poema nos llevó a comparar la poética rubendariana con la de nuestro poeta. Comparamos, así mismo, el antagonismo de ambos hacia el pueblo y especificamos ciertas continuaciones darianas en el poema bajo estudio. Luego hicimos una lectura del poema tomando como punto de aprtida y orientación los rasgos de las estéticas futurista y cubista que compartía el mismo: Huidobro versus "la estética de la máquina" y la noción de "onomalangue" respecto al Canto VII, entre otros.

El segundo capítulo, siguiendo en sus líneas generales el postulado inicial del primer capítulo, desarrolló una teoría estructural del poema. A través de ella, analizamos diversos tipos de "ruptura" en la obra en relación a convenciones poéticas, léxicas y religiosas. Expusimos diversas teorías del "infinito" (Aristóteles, Santo Tomás de Aquinas, Hegel y Michel Foucalt) para establecer una analogía entre la estructuración poética del poema y un teorema matemático: el teorema de la asíntota horizontal. Semejante analogía nos ayudó a comprobar que la noción de un infinito en poesía y de un infinito en el mundo de la ciencia gira en torno a una misma naturaleza de correlaciones.

Un análisis del léxico de la obra (tercer capítulo) nos llevó a determinar que en ella había tres "poemas" distintos en cuanto a léxico. Se analizó la formación de neologismos en la obra y se redactó un "vocabulario" de términos altazorianos. Finalmente, se hizo una transcripción del poema "posible" del Canto VII.

En el cuarto capítulo, partiendo de la premisa de que toda la obra está teñida de una amplia simbología polisémica, analizamos los ímbolos más importantes del poema desde dos vertientes: su procedencia tradicional y su naturaleza anti-convencional y rupturante respecto a lo que comunicaban tales símbolos anterior al poema bajo estudio. Bajo tal perspectiva, presentamos a "Altazor" como símbolo del héroe; examinamos las relaciones de contigüidad y semejanza entre el protagonista poemático y el verdadero autor de la obra; trazamos la vivencia contradictoria de "Altazor" así como su relación con la "caída". Por último, estudiamos la polisemia simbólica del paracaídas: su correspondencia simbólica con la poesía que, a su vez, transforma al paracaídas en "parasubidas"; y su relación simbólica entre la "cruz" (eje del mundo; conjunción del mundo terrestre y del celeste; eje de angustias) y el protagonista poemático que viaja en su "paracaídas".

En nuestro último enfoque teórico, partiendo de diversas definiciones del verso, conceptualizamos la métrica altazoriana desde una perspectiva semántica. Con tal enfoque intentamos demostrar que un verdadero análisis métrico no sólo debe estudiar los aspectos rítmicos y métricos del verso sino también las potencialidades semánticas que cada verso encierra.

Cada vía teórica nos guió, a su modo, tanto en sus limitaciones como en sus alcances, a lo largo y hondo de una poética (transgresora de todo tipo de limitación) que quiso comunicar lo incomunicable para generar la probabilidad de transformar el "no-lenguaje" del Canto VII en la representación tipográfica de un lenguaje acercándose al infinito, a una "semiosis ilimitada": lenguaje del principio-confín donde las contradicciones y las diferencias se trascienden. El Canto VII se convirtió, de tal forma, en la representación simbólica tanto del "principio" como de la "finalidad" de todo proceso poético.

BIBLIOGRAFÍA

I. Ediciones de *Altazor*

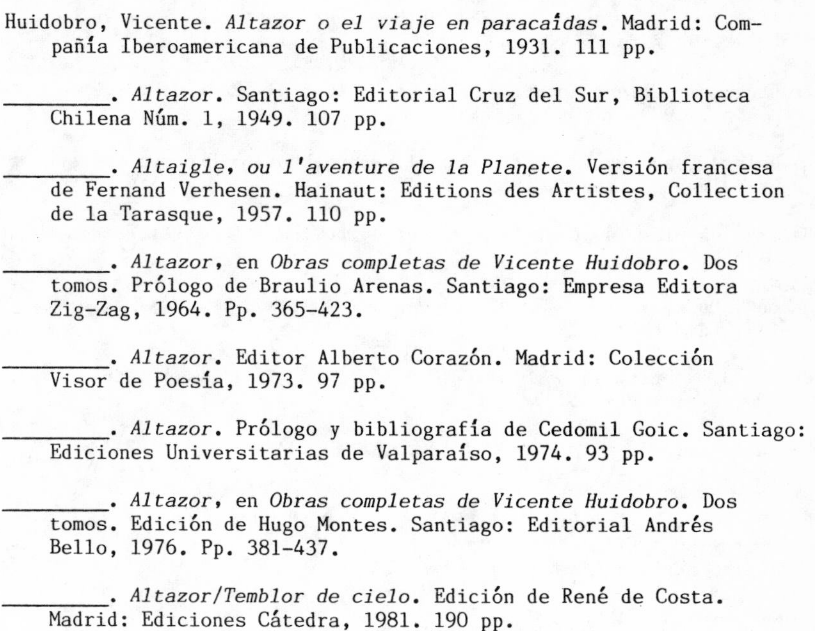

Huidobro, Vicente. *Altazor o el viaje en paracaídas*. Madrid: Compañía Iberoamericana de Publicaciones, 1931. 111 pp.

________. *Altazor*. Santiago: Editorial Cruz del Sur, Biblioteca Chilena Núm. 1, 1949. 107 pp.

________. *Altaigle, ou l'aventure de la Planete*. Versión francesa de Fernand Verhesen. Hainaut: Editions des Artistes, Collection de la Tarasque, 1957. 110 pp.

________. *Altazor*, en *Obras completas de Vicente Huidobro*. Dos tomos. Prólogo de Braulio Arenas. Santiago: Empresa Editora Zig-Zag, 1964. Pp. 365-423.

________. *Altazor*. Editor Alberto Corazón. Madrid: Colección Visor de Poesía, 1973. 97 pp.

________. *Altazor*. Prólogo y bibliografía de Cedomil Goic. Santiago: Ediciones Universitarias de Valparaíso, 1974. 93 pp.

________. *Altazor*, en *Obras completas de Vicente Huidobro*. Dos tomos. Edición de Hugo Montes. Santiago: Editorial Andrés Bello, 1976. Pp. 381-437.

________. *Altazor/Temblor de cielo*. Edición de René de Costa. Madrid: Ediciones Cátedra, 1981. 190 pp.

II. Bibliografía crítica

Abrams, M. H. *The Mirror and the Lamp*. London: Oxford University Press, 1981. (reprint)

Aguiar e Silva, Víctor Manuel de. *Teoría de la literatura*. Madrid: Editorial Gredos, 1975.

Alarcos Llorach, Emilio. *Fonología española*. Madrid: Editorial Gredos, 1971.

Alonso, Dámaso. *Poesía española. Ensayo de métodos y límites estilísticos*. Madrid: Editorial Gredos, 1950.

América Latina en su literatura. Coordinación e introducción por César Fernández Moreno. México: Siglo XXI Editores, 1976.

Apollinaire, Guillaume. *The Cubist Painters. Aesthetic Meditations*. New York: George Wittenborn, 1948.

Aristóteles. *El arte poética*. Colección Austral. Madrid: Espasa-Calpe, 1979.

Bachelard, Gaston. *La poétique de l'espace*. Paris: Presses Universitaires de France, 1958.

Bailey, Harold. *The Lost Language of Symbolism*. New York: Barnes & Noble, 1952.

Barbut, Marc, y otros. *Problemas del estructuralismo*. México: Siglo XXI Editores, 1978.

Barth, J. Robert. *The Symbolic Imagination*. Princeton: Princeton University Press, 1977.

Barthes, Roland. *El placer del texto*. Buenos Aires: Siglo XXI Argentina Editores, 1974.

Barthes, R., H. Lefebrve y L. Goldmann. *Literatura y sociedad*. Barcelona: Ediciones Martínez Roca, 1969.

Bary, David. *Huidobro o la vocación poética*. Granada: Universidad de Granada, 1963.

_________. "Altazor o la divina parodia". *Revista Hispánica Moderna*, 28 (1962).

Bigelow, Gordon A. *The Poet's Third Eye*. New York: Philosophical Library, 1976.

Bloom, Harold. *The Anxiety of Influence*. New York: Oxford University Press, 1973.

_________. *Agon*. New York: Oxford University Press, 1982.

Bousoño, Carlos. *Teoría de la expresión poética*. Madrid: Editorial Gredos, 1970.

__________. *El irracionalismo poético (El símbolo)*. Madrid: Editorial Gredos, 1977.

Brihuega, Jaime. *Manifiestos, proclamas, panfletos y textos doctrinales*. Madrid: Cátedra, 1979.

Bruns, Gerald L. *Modern Poetry and the Idea of Language*. New Haven: Yale University Press, 1974.

Bürger, Peter. *Theory of the Avant-Garde*. Minneapolis: University of Minnesota Press, 1984.

Calvesi, Maurizio. *Le due avanguardie*. Bari: Editori Laterza, 1975.

Camacho de Gingerich, Alina L. "Vicente Huidobro y William Carlos Williams". *Revista Iberoamericana*, 42 (1976).

Campbell, Joseph. *The Hero with a Thousand Faces*. Princeton: Princeton University Press, 1968.

Camurati, Mireya. *Poesía y poética de Vicente Huidobro*. Buenos Aires: Fernando García Cambeiro, 1980.

Caracciolo Trejo, E. *La poesía de Vicente Huidobro y la vanguardia*. Madrid: Editorial Gredos, 1974.

Chadwick, Charles. *Symbolism*. London: Methuen & Co., 1978.

Chatman, Seymour, editor. *Approaches to Poetics*. New York: Columbia University Press, 1973.

Chomsky, Noam. *Aspects of the Theory of Syntax*. Cambridge: MIT Press, 1965.

Cirlot, Juan-Eduardo. *Diccionario de símbolos*. Barcelona: Editorial Labor, 1969.

Cohen, Jean. *Estructura del lenguaje poético*. Madrid: Editorial Gredos, 1977.

Cooper, J. C. *An Illustrated Encyclopedia of Traditional Symbols*. New York: Thames and Hudson, 1979.

Corti, Maria. *An Introduction to Literary Semiotics*. Bloomington: Indiana University Press, 1978.

Costa, René de, editor. *Vicente Huidobro y el creacionismo*. Madrid: Taurus, 1975.

________. *Revista Iberoamericana*, 106-107 (1979). Número especial dedicado a Vicente Huidobro.

________. *En pos de Huidobro*. Santiago: Editorial Universitaria, 1980.

________. *Huidobro: los oficios de un poeta*. México: Fondo de Cultura Económica, 1984.

Culler, Jonathan. *Structuralist Poetics*. New York: Cornell University Press, 1976.

Darío, Rubén. *Cantos de vida y esperanza*. Salamanca: Ediciones Anaya, 1968.

________. *Los raros*. Buenos Aires: Espasa-Calpe, 1952.

Derrida, Jacques. *Writing and Difference*. Chicago: The University of Chicago Press, 1978.

Dethou, Yolanda. "El molino: motivo poético en Lope de Vega y en Vicente Huidobro", *Actas de la Quinta Asamblea Interuniversitaria de Filología y Literaturas Hispánicas*. Argentina: Universidad Nacional del Sur, 1968.

Díaz-Plaja, Guillermo. *Ensayos sobre literatura y arte*. Madrid: Aguilar, 1973.

Domínguez Caparrós, José. *Contribución a la historia de las teorías métricas en los siglos XVIII y XIX*. Madrid: Consejo Superior de Investigaciones Científicas, 1975.

Eagleton, Terry. *Criticism and Ideology*. London: Verso Editions, 1978.

Edel, Abraham. *Aristotle's Theory of the Infinite*. New York: 1934.

Emerson, Ralph Waldo. *Selected Writings*. Modern Library Edition. New York: Random House, 1950.

________. *Essays*. Boston: Houghton, Mifflin and Co., 1897.

Fingesten, Peter. *The Eclipse of Symbolism*. Columbia: University of South Carolina Press, 1970.

Foucault, Michel. *Language, Counter-Memory, Practice: Selected Essays* Ithaca: Cornell University Press, 1977.

Genette, Gérard. *Figures, I*. Paris: Editions du Seuil, 1966.

_________. *Figures, II*. Paris: Editions du Seuil, 1969.

Goic, Cedomil. *La poesía de Vicente Huidobro*. Santiago: Universidad Católica de Chile, 1974.

Greimas, A. J. y otros. *Essais de sémiotique poétique*. Paris: Librairie Larousse, 1976.

Guénon, René. *The Symbolism of the Cross*. London: Luzac & Co., 1958.

Guillén, Jorge. *Lenguaje y poesía*. Madrid: Alianza Editorial, 1972.

Hampden-Turner, Charles. *Maps of the Mind*. New York: MacMillan Publishing Co., 1981.

Hauser, Arnold. *Historia social de la literatura y del arte*. Tres tomos. Madrid: Ediciones Guadarrama, 1974.

Hegel, G. W. F. *Fenomenología del espíritu*. México: Fondo de Cultura Económica, 1978. Tercera reimpresión.

Hey, Nicholas. "Bibliografía de y sobre Vicente Huidobro". *Revista Iberoamericana*, 91 (1975).

_________. "Addenda a la bibliografía de y sobre Vicente Huidobro". *Revista Iberoamericana*, 106-107 (1979).

Jitrik, Noé. *Las contradicciones del modernismo*. México: El Colegio de México, 1978.

Jung, Carl Gustav. *Man and His Symbols*. New York: Dell Publishing, 1974.

Kayser, Wolfgang. *Interpretación y análisis de la obra literaria*. Madrid: Editorial Gredos, 1976.

Kristeva, Julia. *Polylogue*. Paris: Editions du Seuil, 1977.

Küng, Hans. *Does God Exist?* New York: Vintage Books, 1981.

Kurrick, Maire Jaanus. *Literature and Negation*. New York: Columbia University Press, 1979.

Lacan, Jacques. *Escritos*. México: Siglo XXI Editores, 1978.

La Metrica. Testi a cura di R. Cremati e M. Pazzaglia. Bologna: Societá editrice il Mulino, 1976.

Leech, Geoffrey. *Semantics*. New York: Penguin Books, 1977.

Levin, Samuel R. *Estructuras lingüísticas en la poesía*. Madrid: Cátedra, 1974.

Lezama Lima, José. *Esferaimagen*. Barcelona: Tusquets Editor, 1970.

Lista, Giovanni. *Futurisme (Manifestes, Proclamations, Documents)*. Lausanne: L'Age d'Homme, 1973.

López Estrada, Francisco. *Métrica española del siglo XX*. Madrid: Editorial Gredos, 1974.

Lotman, Yuri M. *Estructura del texto artístico*. Madrid: Ediciones Istmo, 1978.

Macrí, Oreste. *Ensayo de métrica sintagmática*. Madrid: Editorial Gredos, 1969.

Martín, José Luis. *Crítica estilística*. Madrid: Editorial Gredos, 1973.

Martínez, J. A. *Propiedades del lenguaje poético*. Oviedo: Imprenta "La Cruz", 1975.

Maturo, Graciela. *Claves simbólicas de Gabriel García Márquez*. Buenos Aires: Fernando García Cambeiro, 1972.

Maturo, Graciela, y otros. *Hacia una crítica literaria latinoamericana*. Buenos Aires: Fernando García Cambeiro, 1976.

Michaud, Guy. *La doctrine symboliste*. Paris: Librairie Nizet, 1947.

Milton, John. *Paradise Lost*, edited by Scott Elledge. New York: W. W. Norton & Co., 1975.

Mitre, Eduardo. *Huidobro, hambre de espacio y sed de cielo*. Caracas: Monte Avila Editores, 1981.

Mukarovsky, Jan. *The Word and Verbal Act*. New Haven: Yale University Press, 1977.

Nalbantian, Suzanna. *The Symbol of the Soul from Höelderlein to Yeats*. New York: Columbia University Press, 1977.

Navarro Tomás, Tomás. *Métrica española*. Nueva York: Las Américas Publishing, 1966.

________. *Los poetas en sus versos: desde Jorge Manrique a García Lorca*. Barcelona: Ediciones Ariel, 1973.

Onís, Federico de. *Antología de la poesía española e hispanoamericana*. Nueva York: Las Américas Publishing, 1961.

Paz, Octavio. *Conjunciones y disyunciones*. México: Editorial Joaquín Mortiz, 1969.

________. *El arco y la lira*. México: Fondo de Cultura Económica, 1973.

________. *El signo y el garabato*. México: Editorial Joaquín Mortiz, 1973.

________. *Los hijos del limo*. Barcelona: Editorial Seix Barral, 1974.

Pegis, Anton C., editor. *Introduction to Saint Thomas Aquinas*. New York: The Modern Library, 1948.

Perus, Francoise. *Literatura y sociedad en América Latina: el modernismo*. México: Siglo XXI Editores, 1976.

Pizarro, Ana. "La práctica huidobriana, una práctica ambivalente". *Atenea*, 45 (1968).

________. *Vicente Huidobro, un poeta ambivalente*. Concepción: Universidad de Concepción, 1971.

Poggioli, Renato. *The Theory of the Avant-Garde*. New York: Icon Editions, 1971.

Rama, Angel. *Rubén Darío y el modernismo*. Caracas: Ediciones de la Biblioteca de la Universidad Central de Venezuela, 1970.

Reverdy, Pierre. *Escritos para una poética*. Caracas: Monte Avila Editores, 1977.

Reyes, Alfonso. *Obras completas de Alfonso Reyes*, vol.XIV. México: Fondo de Cultura Económica, 1962.

Ricoeur, Paul. *The Rule of Metaphor*. Toronto: University of Toronto Press, 1979.

Riffaterre, Michael. *Semiotics of Poetry*. Bloomington: Indiana University Press, 1978.

Sánchez, Luis Alberto. *Escritores representativos de América*. Madrid: Editorial Gredos, 1971.

Sánchez Vázquez, Adolfo. *Estética y marxismo*. México: Ediciones Era, 1975.

_________. *Las ideas estéticas de Marx*. México: Ediciones Era, 1972.

Sausurre, Ferdinand de. *Curso de lingüística general*, 13ra. edición. Buenos Aires: Editorial Losada, 1974.

Schulman, Ivan A. *El modernismo hispanoamericano*. Buenos Aires: Centro Editor de América Latina, 1969.

Schwartz, Abraham. *Calculus and Analytic Geometry*. New York: Holt, Reinhart and Winston, 1967.

Spink, Walter M. *Axis of Eros*. New York: Penguin Books, 1975.

Strelka, Joseph, editor. *Perspectives in Literary Symbolism*. London: Pennsylvania State University Press, 1968.

Sucre, Guillermo. *La máscara, la transparencia*. Caracas: Monte Avila Editores, 1975.

Taylor, Mark C. *Journeys to Selfhood: Hegel & Kierkegaard*. Berkeley: University of California Press, 1980.

Todorov, Tzvetan. *Sémiotique de la poésie*. Paris: Editions du Seuil, 1979.

_________. *Introduction to Poetics*. Minneapolis: University of Minnesota Press, 1981.

Ullmann, Stephen. *Principles of Semantics*. Glasgow: University Publications, 1951.

Videla, Gloria. *El ultraísmo*. Madrid: Editorial Gredos, 1971.

Vossler, Karl. *Formas poéticas de los pueblos románicos*. Buenos Aires: Editorial Losada, 1960.

Vries, Ad de. *Dictionary of Symbols and Imagery*. Amsterdam: North-Holland Publishing, 1974.

Werner, Heinz and Bernard Kaplan. *Symbol Formation*. New York: John Wiley and Sons, 1963.

Wood, Cecil G. *The "creacionismo" of Vicente Huidobro*. Fredrickton, New Jersey: York Press, 1978.

Xirau, Ramón. *Poesía iberoamericana contemporánea*. México: Sep/ Setentas, 1972.

Yúdice, George. *Vicente Huidobro y la motivación del lenguaje*. Buenos Aires: Editorial Galerna, 1978.

Yurkievich, Saul. *Celebración del modernismo*. Barcelona: Tusquets Editor, 1976.

_________. *Fundadores de la nueva poesía latinoamericana*. Barcelona: Editorial Seix Barral, 1978.

III. Addenda

Busto Ogden, Estrella. *El creacionismo de Vicente Huidobro en sus relaciones con la estética cubista*. Madrid: Editorial Playor, 1983.

Concha, Jaime. *Vicente Huidobro*. Madrid: Ediciones Júcar, 1980.

Paul Cheselka

The poetry and poetics of Jorge Luis Borges

American University Studies: Series II
(Romance Languages and Literature). Vol. 44
ISBN 0-8204-0318-0 208 pp. hardcover/lam. approx. US $ 23.00

This study traces Borges' career as a poet from his earlier poetic endeavors before the 1923 publication of *Fervor de Buenos Aires* through the middle of the 1960's. Paul Cheselka considers Borges' better-known poetry collections, such as *Fervor de Buenos Aires, Luna de enfrente,* and *Cuaderno San Martín*; and he shows the often-neglected 1930–1960 period to be an important phase in the evolution of Borges' poetry. The poems are studied chronologically with particular emphasis on the relation of their themes to the poet's life and ideas. Cheselka's contribution is a clearer delineation of borgesian poetics; the poems themselves are the evidence and very substance of the poet's definitions.

PETER LANG
New York · Berne · Frankfurt am Main